The Deleuze Connections

지은이 **존 라이크먼**John Rajchman

컬럼비아대학 미술사학과와 고고학과의 부교수로 재직 중이며 주요 연구 분야는 미술사, 건축, 대륙철학이다. 컬럼비아대학에서 박사학위를 받았으며 현대미술을 다룬 잡지 *Artforum*의 객원편집자로 활동 중이다. 주요 저서로는 *Post-analytic Philosophy*(1985), *The Deleuze Connections*(2000), *Rendre la terre légère*(2005) 등이 있다.

옮긴이 **김재인**

철학자. 경희대학교 비교문화연구소 학술연구교수. 서울대학교 미학과를 졸업했고 동 대학원 철학과에서 박사학위를 받았다. 주요 저서로『AI 빅뱅: 생성 인공지능과 인문학 르네상스』,『뉴노멀의 철학: 대전환의 시대를 구축할 사상적 토대』,『생각의 싸움: 인류의 진보를 이끈 15가지 철학의 멋진 장면들』,『인공지능의 시대, 인간을 다시 묻다』,『혁명의 거리에서 들뢰즈를 읽자』, 주요 역서로『안티 오이디푸스』,『천 개의 고원』,『베르그손주의』등이 있다.

들뢰즈, 연결의 철학

존 라이크먼John Rajchman 지음

김재인 옮김

CONNEC-
TION

MULTI-
PLICITY

SENSATION

그린비

옮긴이 서문 들뢰즈의 철학에서 연결의 문제

이 책은 존 라이크먼의 *The Deleuze Connections*(2000)의 완전히 새로운 번역이다. 이 책을 처음 번역한 것은 2005년으로, 당시 제목은『들뢰즈 커넥션』이었다. 원서는 지금부터 23년 전에 출간되었으니, 벌써 오래전이다. 그동안 나는『안티 오이디푸스』(2014)와『천 개의 고원』(2001), 그리고『베르그손주의』(1996/2021)를 각각 번역했으며, 박사학위논문으로「들뢰즈의 '비인간주의' 존재론」(2013)을, 단행본『혁명의 거리에서 들뢰즈를 읽자: 들뢰즈 철학 입문』(2016)을 썼다. 들뢰즈에 관한 논문도 20편 넘게 썼다(자세한 목록은 본문 뒤에 수록). 이번에 이 책을 완전히 새로 번역하면서 내가 그간 이 책에서 많은 영감을 얻었다는 것을 느꼈고, 이 책을 능가하는 연구서가 전 세계적으로도 흔치 않다는 것을 깨달았다.

라이크먼은 1946년생으로, 컬럼비아대학교의 미술사와 고고학과에서 부교수이자 현대미술 석사과정 총괄교수로 있다. 예일대학교를 졸업하고, 컬럼비아대학교에서 박사학위를 받았다. 2008년에 한

국예술종합학교에서 강연하기도 했다. 당시 황지우 총장과 함께 저녁 식사를 했던 기억이 떠오른다. 한국에는 『미셸 푸코, 철학의 자유』가 번역되었는데, 학부 시절 이 책의 원서로 푸코를 공부했던 기억은 아득하다. 국제 들뢰즈 학계에서 라이크먼은 들뢰즈의 책을 엮고 서문을 쓴 *Pure Immanence: Essays on A Life*(Zone Books, 2001)로 유명하다. 이 책은 들뢰즈의 마지막 글로 알려진 「내재성: 하나의 삶」(1995)과 프랑수아 샤틀레가 편집한 『철학사』에 기고한 글 「흄」(1972)과 단행본으로 발표한 『니체』(1965) 중에서 니체의 원문 발췌를 제외한 대목을 담고 있다. 앞의 두 글은 유고집 『무인도』(2002)와 『광인의 두 체제』(2003) 및 이 두 책의 영역본에 수록되어 있으며, 후자는 별도의 단행본으로 영역된 적이 없다. 라이크먼이 들뢰즈의 작품으로 제시한 문헌 목록에서 언급된 유일한 영어 텍스트인 이유다.

내가 『들뢰즈, 연결의 철학』을 높게 평가하는 이유 중 하나는, 이 책이 들뢰즈 연구사에서 꽤 이른 시기에 그것도 영어로 썼으면서도 들뢰즈 철학의 전모를 깊이 있게 다루었다는 점이다. 영어권에서는 들뢰즈 철학을 전반적으로 연구해 온 로널드 보그Ronald Bogue의 작업이 유명하며, 또 다음 세대로 『차이와 반복』을 번역한 폴 패튼Paul Patton과 『프랜시스 베이컨: 감각의 논리』 및 다수 프랑스 철학서를 번역한 대니얼 스미스Daniel W. Smith가 있고, 다음으로 국제 들뢰즈과타리 학회를 이끌며 각종 들뢰즈 총서를 총괄하는 이언 뷰캐넌Ian Buchanan이 있지만, 이런 인적 네트워크 바깥에서 작업해 온 라이크먼의 독보적 성과는 남다른 바가 있다. 참고로 프랑스에서는 유족의 유지를 받아 세 권의 들뢰즈의 유고를 편집한 다비드 라푸자드David

Lapoujade, 요절한 프랑수아 주라비슈빌리François Zourabichvili, 국제 들뢰즈 학계의 스타 안 소바냐르그Anne Sauvagnargues, 정치철학에 집중하는 기욤 시베르탱블랑Guillaume Sibertin-Blanc 등에 주목할 수 있다.

내가 서문에서 책의 내용을 요약하는 것은 큰 의미가 없다. 각 장의 제목인 연결, 실험, 생각, 다양체, 삶, 감각이 들뢰즈 철학의 키워드기 때문이다. 물론 이 키워드는 들뢰즈의 주요 '개념'은 아니다. 오히려 라이크먼의 작업은 이 키워드를 중심으로 들뢰즈의 개념을 재배치한다는 과제를 잘 풀어 갔다.

이 책의 한계와 약점에 주의하며 읽어 가면 생각보다 훨씬 큰 것을 얻을 수 있을 것이다. 일단 이 책은 초급자를 위한 것이 아니다. 초급자에겐 내가 쓴 『혁명의 거리에서 들뢰즈를 읽자: 들뢰즈 철학 입문』 정도가 무난하다. 이 책은 들뢰즈의 개별 주제나 저술을 직접 읽다가 좌절한(?) 중급자 이상을 겨냥했다. 그만큼 압축적인 면이 많고, 들뢰즈의 전 저작을 오간다. 왜 이렇게 종횡무진인지 아는 일은 초심자의 몫을 넘어선다.

한편 이 책은 영어권 분석철학의 전통을 십분 참조한다는 특징이 있다. 이는 다른 연구서들에 비해 영어권 독자에게 장점일 수 있지만, 분석철학 전통에 낯선 독자에게는 독서에 걸림돌이 된다. 내 개인적으로 볼 때 비트겐슈타인에 대한 너무 많은 참조는 불편했다. 왜냐하면 들뢰즈는 1988년의 대담에서 비트겐슈타인을 '철학의 암살자'라고 고발했기 때문이다. 철학을 언어에, 그것도 논리적 의미에 가두는 분석철학 전통에 대한 반감 때문이었다고 짐작된다. 라이크먼도 이 점을 잘 알고 있지만, 유독 비트겐슈타인 앞에서 약한 모습을 보인다는 점은 부인하기 어렵다.

덧붙여 말하면, 메를로퐁티에 대한 호감도 이해하기 어렵다. 들뢰즈 자신이 보기에도 그랬고, 라이크먼도 책에서 여러 차례 강조했듯, 현상학은 넘어야 할 한계가 많다. 책을 읽을 때 비트겐슈타인과 메를로퐁티에 대한 참조 부분을 조심한다면, 다른 대목은 크게 조심할 필요는 없다.

이 책의 제목에 등장하는 키워드 겸 개념인 '연결'에 대해 한마디하지 않을 수 없다. 들뢰즈에게 연결은 차이와 동의어다. 또한 차이란 차이 생성 운동 혹은 관계 만들기다. 여기서 유의해야 할 것이 있다. 세간의 오해와 달리 연결, 차이, 관계는 모두 시간 중에서만 성립한다. 만일 시간을 멈추고, 동시간대 공간에서 이 개념들을 이해하려 한다면, 그때부터 들뢰즈 철학과는 결별이다.

시간은 끊임없이 흐른다. 이 점을 놓치면 들뢰즈의 사고방식을 따라갈 수 없다. 그 어떤 순간도 다른 순간과 다르다. 혹은 다르게 표현하면, 매 순간 모든 것이 달라진다. 따라서 차이는 세계의 기본 원리이자 가장 근원적인 존재 방식이다. 미리 있는 두 항의 만남으로 '연결'을 이해하면 안 된다. 연결은 새로운 것의 발생이다. 사실 한편으로 세계는 연결 중이다. 연결은 시간의 흐름에 따른 발생이기 때문이다. 다른 한편 연결은 반복의 형식을 띠기도 한다. 클리셰, 진부한 것, 판에 박힌 것이 그것이다. 연결이 종종 시간 바깥에서 이해되는 이유다. 새로움의 발생 대신 진부함의 반복이 대세기 때문이다.

들뢰즈는 전후 영화에서 '시간-이미지'의 발견을 높게 산다. 과거 '운동-이미지' 시절에는 지각, 감정, 행동의 순서가 대체로 뻔했다.

하지만 전쟁의 충격은 지각과 행동의 단절을 낳았고, 세계는 무슨 일이 벌어질지 모르는 곳이 되었다. 반복이 아닌 연결과 차이가 발견된 것이다.

우리가 살고 있는 세계는 모든 새로움을 포획해서 이윤화하는 자본주의 체제다. 체제를 벗어나는 새로움을 얼마까지 기대하고 만들어 낼 수 있을까? 얼마나 해방될 수 있을까? 니힐리즘은 이런 문제 앞에서의 절망이다. 그러나 들뢰즈 철학의 가장 위대한 점이라면, 사회란 항상 새어 나가는 빈틈을 내포하고 있다는 발견이다. 자본주의 사회도 빈틈이 있다. 그 빈틈을 찾고 만들고 따라가는 일을 지칭하는 위대한 개념이 '도주'다.

우주의 원리로서 연결이 있지만, 인위적으로 포획되어 더 이상 연결되지 못하게 되어 버린 현대 사회도 있고, 다시 그것을 흔들어 빠져나가는 실천으로서의 연결도 있다. 그러나 연결이 개인적 행위로 축소되면 안 된다. 집단은 개인보다 힘이 세고, 심지어 개인을 변형한다. 개인은 좋은 집단을 골라, 그 집단과 더불어 더 큰 연결을 만들어 내야 한다.

번역의 시간 동안 함께하지 못한 식구들, 최근에 인연을 맺어 함께 도모하는 동료들, 힘든 시기를 인내하며 극복하려 노력하는 동류에게 고마움과 위로를 전하고 싶다. 아울러 잊힐 뻔한 책을 기꺼이 출간해 준 그린비 출판사와 주승일 편집자의 이름도 적어 두고 싶다.

2023년 5월 안양에서

들뢰즈 저작 약어표

AO   *L'anti-Œdipe* (Minuit, 1972) (with Félix Guattari)『안티 오이디푸스』

B   *Le Bergsonisme* (Presses universitaires de France, 1966)『베르그손주의』

C1   *Cinéma 1 ─ l'image-mouvement* (Minuit, 1983)『영화 1』

C2   *Cinéma 2 ─ l'image-temps* (Minuit, 1985)『영화 2』

CC   *Critique et clinique* (Minuit, 1993)『비평과 진단』

D   *Dialogues* (Flammarion, 1977), trans. (Columbia, 1987) (with Claire Parnet)
『디알로그』

DR   *Différence et répétition* (Presses universitaires de France, 1969)『차이와 반복』

E   *Empirisme et subjectivité* (Presses universitaires de France, 1953)『경험론과 주
체성』

FB   *Francis Bacon: logique de la sensation* (Différence, 1981)『프랜시스 베이컨: 감각
의 논리』

F   *Foucault* (Minuit, 1986)『푸코』

K   *Kafka: pour une littérature mineure* (Minuit, 1975) (with Félix Guattari)『카
프카』

LS   *Logique du sens* (Minuit, 1969)『의미의 논리』

MP   *Mille Plateaux* (Minuit, 1980) (with Félix Guattari)『천 개의 고원』

MPR *Marcel Proust et les signes* (Presses universitaires de France, 1964, 1970)『프루스트와 기호들』

N *Nietzsche et la philosophie* (Presses universitaires de France, 1962)『니체와 철학』

PI *Pure Immanence: Essays on a Life* (Zone, 2001)『순수 내재성』

PK *La Philosophie critique de Kant* (Presses universitaires de France, 1963)『칸트의 비판철학』

PLI *Le pli: Leibniz et le baroque* (Minuit, 1988)『주름』

PP *Pourparlers* (Minuit, 1990)『대담』

PSM *Présentation de Sacher-Masoch* (Minuit, 1967)『마조히즘』

QP *Qu'est-ce que la philosophie* (Minuit, 1991) (with Félix Guattari)『철학이란 무엇인가?』

SP *Spinoza et le problème de l'expression* (Minuit, 1968)『스피노자와 표현 문제』

SPP *Spinoza ─ philosophie pratique* (Minuit, 1981)『스피노자의 철학』

차례

들뢰즈, 연결의 철학

일러두기

1 이 책은 John Rajchman, *The Deleuze Connections*(The MIT Press, 2000)을 완역한 것이며, 기존 출간되었던 『들뢰즈 커넥션』(김재인 옮김, 현실문화연구, 2005)의 개역판이다.

2 주석은 모두 각주로 처리했으며, 옮긴이주는 내용 앞에 '[옮긴이]'라고 표시했다.

3 본문의 대괄호([ ])는 독자의 이해를 돕기 위해 옮긴이가 첨가한 내용이다.

4 단행본·정기간행물에는 겹낫표(『 』)를, 논문·단편, 회화·영화 등의 작품명에는 낫표(「 」)를 사용했다.

5 외국 인명과 지명, 작품명은 2002년 국립국어원에서 펴낸 외래어표기법을 따랐다.

1장 연결들

이 책은 특정한 관점에서 만들어진 들뢰즈 철학의 지도다. 이 책의 문제는 다음과 같다. 우리는 들뢰즈로부터 생각의 한 스타일, 철학 행하기의 한 방법을 뽑아낼 수 있을까? 이것은 들뢰즈 자신이 뚫고 항해한 2차 대전 이후 철학을 갈라놓았던 상황과는 상당히 달라진 예술적·정치적 상황에서, 오늘날 해내야 할 일이리라.

　이 책은 하나의 지도지 프로그램, 계획, 기획이 아니다. 이 책은 많은 연결로 이루어져 있으며, 다른 연결들, 그러니까 기이한 종류의 연결들을 제안하기 위해 만들어졌다. 이것은 물론 들뢰즈의 철학이 연결에 관한 것이기 때문이다. 어떤 의미에서 들뢰즈의 철학은 "분리 종합"에 의해 뭉친, 다시 말해 술어predication나 동일시identification에 앞서며 이것들로 환원될 수 없는 논리적 결합conjunctions에 의해 뭉친 다양한 것들의 예술이다.[1] 이런 것이야말로 들뢰즈 철학의 선별 원리 혹은 긍정 원리다. "연결들의 수를 증가시키는 것만을 …… 간직하라."[2] 이 원리는 "계열들" 혹은 "고원들"을 통한 들뢰즈 고유의 글쓰기 스타일 안에서 작동하고 있다. 이 스타일 때문에 우리는 조직이나 발전이라는 통일된 계획plan을 단념하고 무제한의 평면plane을 선택한다. 이 평면 안에서 우리는 항상 어떤 특이점에서 다른 특이점으로 이행하고, 그다음엔 그것을 또 다른 것과 연결한다. 이 책의 지도를 이루는 연결들은 이 논리를 존중하려 한다. 이런 식으로 이 책은 철학 행하기의 방법이라는 문제, 즉 철학을 "연결하고" 철학과 연결하는 새로운 방법이라는 더 큰 문제에 접근한다. 전에 쓴 책『건설들』*Constructions*에서, 나는 철학과 건축, 예술, 도시계획 간의 새로운 연결 지대를 창조하려 했다. 하지만 그렇게 해서 어떤 종류의 사고가 실천되었을까? 그런 종류의 사고는 어떻게 새로운 문제들의 정식화와 새로운 개념들의 발명으로 향해 갈 수 있었을까? 그것의 사회적·정치적 함의는 무엇일까? 이 책, 이 지도는 이런 문제들을 더 정교화하고 확장하려 한다.

그러므로 이 책은 들뢰즈가 "철학에 대한 비철학적 이해"라고 불렀던 것에 관여하는 사람들뿐 아니라 들뢰즈를 철학적으로 이어 가거나 받아들이려는 이들을 위해 마련된 지도다. 이 책은 "포스트모더니즘", "탈구조주의"라는 오늘날 갈수록 더 쓸모없는 지도들이나 대

---

1 [옮긴이] 분리 종합(disjunctive synthesis)을 비롯한 세 가지 종합과 연결(connection), 분리 (disjunction), 결합(conjunction)의 문제는『차이와 반복』및『안티 오이디푸스』1장에서 상세하게 다뤄진다. 이 개념들은 공간의 관점이 아닌 시간의 관점에서 이해되어야 한다. 즉 생성과 생산의 관점에서.

2 MP, p. 634.

륙철학 대 분석철학이라는 낡은 구분법을 갖고서, 이미 자리 잡고 이미 분류를 마치고 무장한 정신의 소유자에게는 소용이 없을 것 같다. 오히려 이 책은 정신이나 정체성이 아직 완성되지 않은 이들, 스스로 자신의 해석학적 나침반을 내던지고 자신의 담론을 버려둔 채 떠나는 그런 종류의 여행을 하려는 이들을 위한 것이다. 그런 종류의 여행을 위해 들뢰즈는 프루스트Marcel Proust의 모토를 채용했다. "진짜로 꿈을 꾸는 사람은 무엇인가를 입증하려고 밖으로 나가는 사람이다." 달리 말해, 이 책은 고정된 좌표들로 미리 규정된 평면 안에서 자신을 위치시키거나 확인할 수 있는 지도가 아니다. 이 책은 다른 종류의 철학적 "방향 설정"을 호소한다. 이 책은 완전히 규정되거나 위치가 정해진 것이 아닌 지대들, 사물들이 예견되지 않은 방향으로 터져 나가거나 규제되지 않은 방식으로 작동하는 지대들을 통해, 전통 철학적 논리와는 다소 다른 논리의 "의미"를 통해 작업하려 한다. 들뢰즈는, 전통 논리적 의미와 대립해서, 대부분의 조직 형식들에 몰래 동반하는 그런 미규정 지대가 있다는 것을, 그리고 사고가 이 지대들과 기이한 관계를 맺는다는 것을 보여 주려 한다. 왜냐하면 생각하기란 실험하기며, 무엇보다도 판단judge[심판]하기가 아니기 때문이다. 이성의 법정에 있는 판사라는 저 위대한 칸트 철학의 형상에서 들뢰즈가 빠져나가는 길은, 칸트 철학의 바탕에 깔려 있는 논리적·윤리적·미적 "공통감"[3]이라는 전제에서 떠나는 것이었다. 하지만 아마 칸트 자신

---

3 [옮긴이] common sense. 칸트의 용어 sensus communis의 번역어임.

도, 그가 그토록 어렵게 한계를 세웠던 바로 그 [인식] 능력들의 규제
철폐unregulation를 꿈꾸었던 마지막 순간에는, 그 전제를 취소하는 방
법을 시사했다. 따라서 지점들을 정해 주는 것과 구별되는 연결들의
지도는 공통감이라는 전제를 통해 주어지지 않는 "우리"를 위한 지
도, 즉 아직 없는, 공사公私의 구별 속에서 자리를 찾을 수 없는, 대부
분 "바깥"에서 온, 실종된 민족⁴을 위한 지도다. 이 지도는 우리가 아
직 파악하지 못한, 공통이 아닌 새로운 힘들의 견지에서 뭔가를 하려
고 하는 이들을 위해 마련된 지도며, 미지의 것에 대한 취향, 즉 역사
나 사회에 의해 아직 규정되지 않은 것에 대한 취향을 가진 이들을 위
해 마련된 지도다. 바로 그런 실험을 통해서만, 우리는 무엇이 도래할
지 이미 아는 "진보주의"뿐 아니라 "골동품적" 역사에 대한 향수에서
도 벗어나기 때문이다.

연결의 몇 가지 원리는 다음과 같다.

1. 연결은 "경험론" 혹은 "프래그머티즘"pragmatism이라 부를 수
있을 생각 스타일을 요구한다. 이것은 실험을 존재론 앞에 놓고, "그
리고"[et]를 "있다/이다"[est] 앞에 놓는다. 이런 프래그머티즘의 원
리는 『천 개의 고원』의 첫 문장들에서 정립된다. 거기서 들뢰즈와 과

---

4 [옮긴이] a people. 들뢰즈는 니체의 독일어 Volk를 염두에 두고 프랑스어 peuple이라는 말을
사용했다. 책 전체에 걸쳐 반복되어 강조하듯이 그것은 '혈통'이나 '땅'에 착근한 하이데거적
'민족'이 전혀 아니라, '새로운 지상의 가치'를 중심으로 앞으로 형성해야 할 '집단'이라는 의
미다. "실종된 민족", "도래할 민족", "아직 없는 민족" 등의 용법이 이를 잘 보여 준다. 불특정
한 인간 집단을 지칭하는 '민중'이나 '인민'과도 확실히 구별해야 한다.

타리는, 다양체란 논리의 문제를 넘어 우리가 만들거나 해야 하는 어떤 것이며, 만들거나 함으로써 배워야 하는 어떤 것이라고 선언한다. "다양, 우리는 그것을 만들어야 한다."[5] 우리는 항상 연결들을 만들어야 한다. 연결들은 미리 주어지지 않았기 때문이다. 이런 것이 들뢰즈가 이미 흄David Hume의 연합associations에서 발견한 경험론적 원리다. 그것은 "그 항項들에 외부적인 관계들"로 이해된다. 또한 연합의 방식은 사회적 "편파성"의 폭력보다 먼저인 "묵계"convention의 법창시jurisprudence를 향해 간다. 이처럼 흄은, 칸트와 "가능성의 초월론적transcendental 조건들"에 대한 탐구의 막다른 골목 다음에 무엇이 올지 예견하고 있었다. 흄은 공통감의 경계나 틀을 넘어가고 공통감보다 먼저인 관계들과 연결들을 창안해 내는 개념적 실험가 유형을 예견했다. 경계를 이렇게 실험적으로 넘어가는 일은 희망보다 오히려 일종의 신뢰 혹은 신용을, 즉 세계에 대한 믿음belief-in-the-world을 전제한다. 따라서 연결하기란 아직 주어지지 않은 다른 가능성을 갖고 작업하기다. 그러나 유토피아란 말은 딱 맞는 말은 아니다. 유토피아란 여전히 조직화와 발전에 대한 꿈의 일부며, 혹은 연속성을 끊기 위해 요청되는 "비동일성"이라는 신비적 메시아니즘의 일종이다. 들뢰즈는 가능성의 논리 전부를, 가능성이 허구 및 현실과 맺는 관계를 다시 생각하려고 했다.[6] 그렇게 함으로써 그는, 우리 자신과 우리

---

5 MP, p. 13.
6 [옮긴이] '가능성', '잠재성', '실재'에 관해서는 역자가 옮긴 들뢰즈의 『베르그손주의』(그린비, 2021)의 해설을 참고할 수 있다.

세계 안에서, 우리가 앞으로 믿게 될 흄적 의미의 고안물artifice을 재발견한다. 그것은 낙관적이냐 비관적이냐의 문제라기보다 오히려 우리의 기획과 프로그램에 아직 담겨 있지 않은 새로운 힘들에 대해, 그리고 그 힘들에 동반하는 사고방식에 대해 현실적이냐realistic의 문제다. 다시 말해, 연결들을 만들려면 지식, 확실성, 혹은 심지어 존재론도 필요 없고, 오히려 아직 무엇인지 완전히 확신하지 못할지라도 무엇인가가 산출될 것이라는 신뢰가 필요하다. 흄은 데카르트의 확실성을 믿음의 개연성으로 대체했다. 들뢰즈는 믿음의 문제를 그 어떤 주사위 던지기도 없앨 수 없는 "비개연적 우연"의 지대로까지 밀어붙였다.

2. 따라서 우리는 연결들을, 더 많은 연결들을 만들어야 한다. 하지만 이 프래그머티즘, 이 '그리고'는 도구주의가 아니다. 그것은 다른 의미의 기계를 상정한다. 프래그머티즘은 주어진 결과에 의해 규정되지 않으며, 예측에 능한 전문 지식에 기초하지도 않는다. 반대로, 그것의 모토는 "예측하지 말라, 그러나 문을 두드리는 미지의 것에 계속 주의를 기울여라"[7]다. 카프카Franz Kafka가 설치한 "기계들"은 다음과 같다. 그 어떤 향수도 없고, 기계들은 아직 오지 않은 것의 "악마적인 힘들"을 가리킨다. "엄밀히 말해, 기계를 만드는 것은 연결

---

7 Gilles Deleuze, "What is a *dispositif*?", ed. Timothy Armstrong, *Michel Foucault, Philosopher*, Routledge, 1992, p. 165.

들, 즉 분해를 유도하는 모든 연결"이기 때문이다.[8] 더 일반적으로, 들뢰즈에게 기계들 혹은 기계 "문"phylums에 대한 언급(가령 기계론적mechanical 문, 정보의informational 문)은 다음 원리를 따른다. 도구들은 항상 다른, 도구화되지 않은, 심지어 있을 법하지 않은 종류의 "기계적machinic 연결들"을 허용하는 더 큰 종류의 "배치체들"의 일부다.[9] 이것들은 나중에야 사고에 의해 포착될 수 있다. 생각은 그것이 발생시키는 사용들, 그것이 열어 놓는 연결들을 통해 이해된다. 하지만 그걸 위해서는 현실주의적 침착함이 필요하다. 종종 어떤 프로그램도 계획도 "집단 행위자"도 없는 문제들을 볼 수 있게 만드는 일이 관건이다. 따라서 이 문제들은 아직 정의되지 않은 새로운 집단들을 요청하며, 이 집단들은 공통의 인식과 코드들에 앞선 생각의 기운affects[10] 혹은 격정passions[11]과 조화를 이루는 과정에서 자신을 발명해야 한다.

---

8 K, p. 146.

9 [옮긴이] 배치체로 번역한 영어는 'arrangements' or 'assemblages'다.
한편 '기계적'(machinic)과 '기계론적'(mechanic)을 구분해야 하는데, 전자는 들뢰즈(와 과타리)의 고유한 개념으로 '연결', '분리', '결합' 같은 종합을 수행하는 '흐름과 절단의 시스템'이며, 후자는 목적론에 대립되며 선행 원인에 의해 후행 결과가 결정된다는 주장이다.

10 [옮긴이] 들뢰즈는 affect에 대한 스피노자의 정의를 계승한다. 스피노자에게 기운(affectus)이란 "몸의 작용 역량을 증가 혹은 감소시키고 촉진 혹은 억제하는 몸의 변화(affectio)들 및 동시에 이 변화들의 관념들"(『에티카』, 3부 정의3)이다. 3대 기운으로 욕망(cupiditas), 기쁨(laettitia), 슬픔(tristitia)이 있다. 특히 기쁨과 슬픔은 다음과 같이 이해된다. "나는 이제부터 기쁨이라는 말을 마음이 더 큰 완전함으로 이행하게 되는 겪음이라고 이해할 것이다. 그리고 슬픔이라는 말을 마음이 더 적은 완전함으로 이행하게 되는 겪음이라고 이해할 것이다."(『에티카』, 3부 정리11 주석. 강조는 원저자)

11 [옮긴이] 통상 '수동'이나 '정념'으로 많이 번역되는 용어로, 라틴어로는 passio, 독일어로는 Leidenschaft. 기본적인 뜻은 자신이 완전한 원인이 되지 않으면서 어떤 일을 겪는 것을 가리킨다.

3. 연결 만들기는 기이한 종류의 논리학을 포함한다. 지금까지는 화행론pragmatic뿐 아니라 논리학과 통사론에서 기성의 동일성, 나눔, 규정 바깥에는 오직 혼돈, 무정부, 미분화, 혹은 "부조리"만 있다고 가정되어 왔다. 들뢰즈는 이 가상[12]을 폭로하려 하며, 고정된 주체의 위치와 관계뿐 아니라 코드, 구조주의의 코드조차 앞서는 의미의 층을 허용하는 착상을 진전시키려 한다. 수렴하고 발산하는 계열들에 대한 그 자신의 논리는 그런 의미를 다루려 한다. 이 논리를 발전시키면서, 그는 동시대의 철학에서 후설Edmund Husserl의 초월론적 논리나 프레게Gottlob Frege의 기호 논리를 넘어 삶 자체에 더 가까운 더 느슨한 종류의 의미를 발견하려는 거대한 시도와 만난다. 비트겐슈타인[13]이 삶의 형식과 연관시킨 "문법"grammar이나 메를로퐁티[14]가 "자연적 태도"의 객체성에 앞선 것으로 정립한 육화된 실존 혹은 "살"flesh이 그것이다.[15] 그리하여 들뢰즈는, 프레게의 논리는 사고에 필요한 일

---

12 [옮긴이] '가상'은 illusion 또는 Schein의 번역어로, 단순한 실수가 아니라 인간 인식에 불가피하게 따르는 필연적 오류를 지칭하기 위해 칸트가 사용한 말이다.

13 [옮긴이] 이 책에서 라이크먼이 비트겐슈타인(Ludwig Wittgenstein)에 대해 언급한 내용은 신뢰하기 어렵다. 들뢰즈는 비트겐슈타인을 "철학의 암살자"라고 보았다. 클레르 파르네(Claire Parnet)와 행한 들뢰즈의 대담『들뢰즈ABC』의 W 항목을 참조.

14 [옮긴이] 이 책에서 라이크먼이 메를로퐁티(Maurice Merleau-Ponty)에 대해 언급한 내용은 신뢰하기 어렵다. 들뢰즈한테 메를로퐁티는 중요한 참조 인물이 아니었다. 클레르 파르네와 행한 들뢰즈의 대담『들뢰즈ABC』의 E 항목을 참조.

15 이 다른 종류의 의미를 포함하는 논리학의 다른 역사를 보려면 Claude Imbert, *Pour une histoire de la logique*(PUF, 1999)를 보라. 그 책은 *Phénoménologie et langues formulaires*(PUF, 1992)에서 다루었던 프레게와 메를로퐁티에 대한 예전 논의에 의존한다. 비트겐슈타인과 메를로퐁티의 마지막 저술은 모두 색에 대한 것이었다. 색에 대한 우리 얘기의 다면화된 "문법"과 세잔에 의해 얻게 된 비데카르트적이고 비원근법적인 "의미"를 다룬 것이다. 따라서 두 사람은 들뢰즈의 색 논리에 대한 견해와 더불어 유용하게 읽힐 수 있으리라. 들뢰즈는『의미

종의 복합[16]들과 분기들을 필연적으로 환원하는 한편 메를로퐁티의 살 개념은 원체험(즉 Urdoxa)[17]의 꿈에 묶인 이상한 경건함을 여전히 숨기고 있다고 언명한다. 들뢰즈의 "추상적인 기계들"은 많은 국지적인 연결들로 건설되는데, 각 연결은 나름의 "구체적인 규칙들"을 갖고 있지만 온전히 짜여 있지 않다. 그러므로 추상적인 기계들은 재료와 무관한 튜링 머신도 아니고, 순환함수로 무장한 기계들도 아니다. 한편, 우리가 공통된 지각들과 인물화된 정서들[18]에서 추출하는, 또는 표상 공간과 대상의 재식별에서 추출하는 "감각의 존재"는, 세계 내의 간주관적인 방향 설정으로 향하기보다는 오히려 새로운 연결들이 출현할 수 있는, 미규정과 실험의 미친 지대로 향한다. 들뢰즈의 논리에서는, 일종의 코드화되지 않은 "도해"[19]가 감각과 인지를 통일하려는 "도식론"을 대체한다.[20] 이를 통해 우리는 "정신적 구상, 기획, 프로그램이라는 의미의" 구도plan가 아니라 "기하학적인 의미에서의 평

의 논리』에서, 색을 사물의 속성이 아니라 공간화하는 근원적 "부정사"(infinitive)라고 본다. 클로드 앵베르가 말하듯, 그 책의 문제는, 루이스 캐럴(Lewis Carroll)에 따르면, "유클리드의 피부"(미간행 원고)를 잃어버린 지각 세계 안에서 색은 무엇을 하는가다. 들뢰즈는 색 논리에 관한 이 문제를, 가령 영화의 "색채주의자"(colorist) 안토니오니(Michelangelo Antonioni)에 대한 설명뿐 아니라 베이컨(Francis Bacon) 연구에서 계속 추적한다.

16 [옮긴이] complication을 '복합'으로 옮겼다.

17 [옮긴이] doxa란 그리스어로 '의견'을 뜻하는 말로, 공인된 '진리'와 대립한다. Urdoxa란 원초적으로 우리가 지니고 있는 의견 또는 선입견을 가리킨다.

18 [옮긴이] 저자가 affects라고 쓰고 있지만, 앞의 perceptions와 대응하기 때문에, 맥락상 affections가 합당하다.

19 [옮긴이] diagram. 다이어그램.

20 [옮긴이] 칸트의 도식론(schematism)이 대상에 덧씌워지는 것이라면 들뢰즈의 도해는 대상에 의해 이끌리는 것이다.

면plane, 즉 절단면, 교차, 도해"에 이른다.[21] 들뢰즈는 이런 종류의 평면을 우리의 생각에 본질적인 것으로 만들길 원한다. 그리하여 들뢰즈는, 플라톤에서 시작하면서, 철학의 바로 그 **겨룸**agon과 거기에 관여하는 친구들(즉philoi)의 본성이 극적으로 방향 재설정하는 무대를 보여 주려 한다.[22] 철학은 새로운 적敵을 얻는다. 철학의 목적은 우리가 더 이상 연결을 만들 수 없거나, 만들지 않거나, 만들기를 원하지 않는, 우리 자신과 세상의 슬픈 상태 안의 "어리석음"과 싸우는 것이다.[23] 이 새로운 경연과 게임 주위로 "사고의 친구들"이 다시 모이리라.

4. 고전 철학은 미신과 오류에 직접 맞섰다. 분명 지금도 그런 사고의 방향 설정이 필요하다. 그러나 철학은 다른 문제들과 대결하고, 다른 방향 설정들을 발견했다. 들뢰즈는 19세기에 새로운 문제인 어리석음이 출현한다고 본다. 푸코라면, 어리석음의 반대는 인지적 지능이 아니라 사고 자체의 위험한 행동이라고 말했으리라.[24] 플로베르Gustave Flaubert는 그 문제가 문학에 도입되는 것을 도와준다. 『부바르와 페퀴셰』*Bouvard et Pécuchet*는 백과사전의 어리석음을 폭로하는데, 백과사전의 이미지는 헤겔한테도 출몰한 바 있다. 더 일반적으로 들

---

21 SPP, p. 122.

22 [옮긴이] agon은 경연(contest)을 뜻하는 말로 맥락에 맞게 '겨룸' 또는 '겨루기'로 옮겼다.

23 [옮긴이] 어리석음에 관해서는 3장 2절의 2항을 참고할 것.

24 Michel Foucault, "Theatrum Philosophicum", *Dits et Ecrits*, Gallimard, 1994, pp. 94 이하. "위험한 행동"으로서의 사고에 관해서는 Foucault, *The Order of Things*, Random House, 1970, p. 328을 보라.

뢰즈는 현대 예술작품들 속에서 플로베르의 작업과 나란히 나아가는 운동을 발견한다. 즉, 클리셰clichés[25]나 단순한 "개연성들"로부터 감각(즉 아이스테시스[26])을 해방하고 독자성들singularities의 미친 변화를 발견하려는 위대한 투쟁 말이다. 왜냐하면, 들뢰즈가 전후 영화의 분석에서 말하듯, 우리는 이미지의 문명이 아니라 클리셰의 문명 속에 살고 있고, 그 안에서는 바로 진정한 이미지를 추출하는 것이 전적으로 문제기 때문이다.[27] 어리석음을 깨고 나오려면 어떤 폭력이 요구된다. 가령 충격, "소외 효과", 혹은 일종의 "잔혹"이 그것이다. 들뢰즈는 유기적 재현에서 몸을 추출하는 아르토Antonin Artaud의 시도에서 보이는 이런 것들을 찬미했다. 각 경우에 개인적인 느낌에서 기운을 해방하고, 공통된 지각에서 지각체percept를 해방하는, 그리고 들뢰즈가 프루스트에서 가져온 한 구절처럼, 우리의 언어 속에 외국어를 창조하고, 아직 없는 민족이 그걸 말할 수 있게 하는, 새로운 절차를 고안해 내야 한다. 니체나 혹은 다른 식으로 푸코한테서 그랬듯이, 그런

---

25 [옮긴이] '클리셰'는 상투적인 표현, 일상적인 진부함을 지칭하는 말이다.

26 [옮긴이] 아이스테시스(aisthesis)란 그리스어로 '감각'을 가리킨다.

27 C2, p. 33. 들뢰즈는 수많은 사진 이미지들을 작업실에 늘어놓았던 프랜시스 베이컨에서 사진의 문제를 다루면서 이와 똑같은 아이디어를 다듬는다(FB, p. 13. 캔버스가 항상 클리셰로 뒤덮여 있다는 문제에 대해서는, pp. 65 이하). 아마 더 일반적으로 화가들이 사진 및 다른 이미지들을 수집하는 습관은, 자료 보관소에 대한 플로베르식 "어리석음"과 그것에서 벗어나려는 절차들의 "폭력"이라는 견지에서 읽힐 수 있으리라. 전자(電子) 이미지라는 새 체제에서, 가능한 예술 의지(Kunstwollen)의 변별적 특징으로서 레오 스타인버그(Leo Steinberg)가 말한 비수직성이라는 "또 다른 기준"에 대한 들뢰즈의 주해(C2, p. 349, 주 11)도 이런 식으로 읽힐 수 있으리라.

[옮긴이] Kunstwollen은 '쿤스트볼렌'으로 발음하며 곳곳에서 저자는 artistic volition이나 will to art로 번역했고, 우리말로는 모두 '예술 의지'라고 옮겼다.

어리석음의 문제가 철학에 도입될 때, 우리는 다음 특징들을 발견한다. 즉, 생각은 익숙한 의견doxa을 문제 삼거나 뒤흔들고 새로운 무언가가 생각나도록 하는 폭력과 분리될 수 없다. 또한 그것을 착상하려면, 지배적인 혹은 "공통의" 언어로는 아직 말해질 수 없는 것의 폭력이나 "낯섦"이 필요하다. 그래서 항상 철학은 과거에 이해되거나 고정된 것이 아닌 방식으로 단어들을 사용한다. 또한 철학은 자연이나 신이 부여한 "진실을 향한 욕망"이 아니라, 저렇게 철학이 교란될 때 생기는 방향 재설정에서 시작한다. 따라서 들뢰즈는 후설이 추구했던 간주관성 및 **원체험**에서 이미 발견되는 "소통의 가상"에 반대한다. 이것은 사고의 폭력을 진정시키고 "어리석음"의 요소를 일거에 없애기 때문이다.

5. 『차이와 반복』에서 들뢰즈가 고려하는 어리석음은 대개 우리에게 친숙한 기계론적·산업적 어리석음이다. 이런 어리석음에 맞서서, 누보로망nouveau roman의 미로 같은 복합이나 앤디 워홀Andy Warhol의 연작 속 "복제품"simulacral 파생물이 나열될 수 있으리라. 그러나 20년 후 영화 연구에서는, 그런 "기계론적 자동화automatisms"의 문제는 정보 기계들의 새로운 힘의 문제와 이것들이 도입하는 문제들로 대체되었다. 가령 정보와 상호작용이 어떻게 통념[28]을 용인하도

---

28 [옮긴이] common sense. '상식'이라고 하면 다수가 지닌 '옳은' 생각이라는 뜻이 강한 데 반해, '통념'은 중립적이다. 들뢰즈가 비판적 의미로 이 말을 쓰기 때문에, 한국 독자가 헛갈릴 것을 우려해 '통념'으로 옮겼다.

록 "프레임 짜이는지"framed라는 문제가 그것이다.[29] 그리하여 생각의 새로운 적이 생겨난다. 지난 세기의 것들보다도 훨씬 오만하고 자신 감에 찬 적이. 그 적은 **소통과 관련한 어리석음**communicational stupidity 이다. 들뢰즈가 "제어"control로 부르자고 제안했던 권력의 새로운 형 식이 여기에 대응한다. "우리는 새로운 어떤 것의 시작점에 있다"고 그는 1990년에 썼다.[30] 우리는 디지털적인 새로운 힘들뿐 아니라 생 명공학적인 새로운 힘들을 더 잘 진단할 필요가 있으며, 그것들과 뗄 수 없는 더 넓은 사회적·경제적 과정들도 잘 진단해야 한다. 따라서 우리의 소통과 관련한 어리석음들, 정보와 관련한 "자동화"에서 우 리를 구해 줄 새로운 **예술 의지**, 새로운 "예술-생성"이 생겨날 수 있을 것이다.

오늘날 연결, 리좀, 네트워크 등 들뢰즈의 언어는 마치 신경망이 나 인터넷에 대한 말로 들릴 수도 있다. 그러나 조심해서 진행해야 한 다. 그는 실제로 마음mind에 대한 컴퓨터 모델을 거부하기 때문이다. 들뢰즈는 기운과 지각체에 의해 주어진 의미의 저 여백들을 허용하 기를 원했다. 기운과 지각체는 비록 "인지"로 환원되지 않더라도 생 각에 필수다. 영화 연구에서 시작해서, 그는 더 이상 계획이나 프로그

---

29 레몽 뤼예(Raymond Ruyer)의 *La cybernétique et l'origine de l'information*에 대한 C2, p. 354의 각 주 21 참조. 여기서 문제는 들뢰즈가 영화에서 연구하는 "프레임 짜기"(framing)와 "프레임 깨기"(unframing)의 절차와 관련된다. 프레임 깨기(décadrage)의 문제는 피드백 메커니즘이 나 순환함수를 넘어서는 것 같다. QP, pp. 177 이하 참조.
30 PP, p. 246.

램에 의해 기능하지 않는 뇌에 대한 독창적 관점을 발전시킨다. 들뢰즈가 발견한 것은 불확실하고 확률론적인 뇌인데, 그것은 미시 생물학 연구에서 시사되었다. 전후 영화에서 그는 "체험된 뇌"를 보는데, 이것은 마음 상태에 앞서는 "비합리적인" 연결들에 의해 작동한다. 더 일반적으로, 들뢰즈는 베르그손Henri Bergson을 따라 정신 상태의 환원적 유물론reductive materialism을 표현적 유물론expressive materialism으로 대체하자고 제안한다. 표현적 유물론에서라면, 철학뿐 아니라 예술도 "대상화된" 뇌를 넘어, 아직 주어지지 않은 다양하고 새로운 길들이나 시냅스들, 즉 새로운 연결들을 창조해 낼 수 있을 것이다.

6. 사회적 용어로 하자면, 연결은 이미 구성된 주체들 간의 사회적 상호작용이 아니다. 그것은 개인들보다 "더 작은" 동시에 "더 크며", 집단 재인식 혹은 확인의 메커니즘에 기초하지 않은 일종의 사회성을 상정한다. 들뢰즈의 기본 원리는 다음과 같다. 사회란 항상 도주하고en fuite(새어 나가고, 달아나고) 있으며, 사회가 자신의 도주들(새어 나감, 도주선)을 다루는 방식에 의해 이해될 수 있다. 이 원리에 따르면, 우리 자신에 대한 규정이 있게 되면 그와 동시에 미규정 지대가 창조될 수밖에 없다. 여기서 미규정은 인물, 성별이나 젠더, 계급이나 계층으로, 나아가 인간 종의 일원으로 우리를 개체화하는 것과 관련한 미규정이다. 따라서 미규정 지대는 독창적인 "연결들"이 나올 수 있는 지대다. 또 그것은 가브리엘 타르드Gabriel Tarde에서 출발한 미시사회학이 탐색하기 시작한 만남encounter들을 고려하는 지대다.[31] 그러나 여기서 "미시"는 "개인"을 뜻하지 않는다. 반대로 그것은 아직

"개체화되지" 않은 "군중"을 상정한다. 그것은 개인들과 계약들에 대해서가 아니라, 독자성들과 이것들이 공존할 수 있는 시공간에 대해서 문제를 제기한다.[32] 그래서 소수자란 민족 정체성 같은 것이 아니다. 반대로, 소수자는 카프카가 막스 브로트Max Brod에게 보낸 편지에서 자신은 "독일어, 체코어, 혹은 이디시어로도 쓸 수 없지만, 그렇다고 쓰지 않을 수도 없다"고 썼을 때 그가 호소하고 있는 이 "도래할 민족"의 문제다. 들뢰즈는 제3세계와 소수 영화를 설명하며 상술한 다음과 같은 정치적 귀결을 주저하지 않고 끌어들인다. "우리는 프

---

31 조제프(Isaac Joseph)는 그의 논문 "Gabriel Tarde: le monde comme féerie"에서 미시사회학의 발명자 타르드라는 들뢰즈의 아이디어를 발전시킨다. 뒤르켐(Émile Durkheim)의 전체론과 역사주의에 반대하여, 타르드는 믿음과 욕망이라는 다른 종류의 시공간을 발견한다(ed. Eric Alliez, *Oeuvres de Gabriel Tarde*, vol. 4, Empêcheurs de penser en rond, 1999, pp. 9 이하에 증보되어 재수록되어 있는데, 이 책에는 들뢰즈의 영감을 받은 몇몇 다른 에세이가 들어 있다). 조제프가 언급하듯, 짐멜(Georg Simmel)과 더불어 타르드를 미국에 처음 소개하는 데 공헌한, 존 듀이(John Dewey)의 제자 로버트 파크(Robert Park)는 타르드의 모방 개념 안에서 흄(Hume)의 공감이라는 테마와 유사한 것을 발견했다.

32 이런 시공간의 문제는 1903년 게오르크 짐멜이 제기한 바 있다. 당시 그는 메트로폴리스의 정신(Geist)은 "모든 사람이 어떤 식으로든 소유하고 있는 특수성과 비교 불가능성은 실제로 삶 속에 표현되고 주어진다는 사실에서 발견될 수 있다"고 선언했다. Simmel, *On individuality and social forms*, ed. Donald N. Levine, University of Chicago Press, 1971, p. 335. 그래서 메트로폴리스는 고전적인 사회 계약론에 함축된 개체성과 평등의 문제와는 다소 다른, 짐멜의 사고에 중심이 되는 문제를 제기한다. 따라서 우리는 그 안에서 "독자적 공동체"(singular community)라는 문제가 예견되어 있음을 볼 수 있다. 이것은 후에 장-뤽 낭시(Jean-Luc Nancy)에 의해 자세히 설명되는데, 그것 역시도 고전적 개인주의에 기초하고 있지 않지만, 혼융(fusion)이나 "유기적 공동체"로 나아가지는 않는다. 왜냐하면 낭시는 도시의 문제는 "자리가 없는 것이 자리를 잡는 자리"라는 비-하이데거적 에토스라고 주장하면서, 로스앤젤레스와 같은 스프롤 현상(=불규칙 산개)이 일어나는 미국 도시에서조차 이 원리가 작동하는 것을 보라고 제안하고 있기 때문이다. Nancy, *La ville au loin*, Mille et une nuits, 1999, p. 45. 그러나 짐멜은, 베르그손의 영향 아래 "초월은 삶에 내재한다"(*On individuality and social forms*, p. 362)는 원리를 통해 그런 "관(貫)개체성"(transindividuality)의 문제를 정식화할 때, 아마 들뢰즈에 더 가까운 것 같다.

롤레타리아트의 이미지를 더 이상 이용하지 않는다. 그에 대해 자의식을 갖는 것으로 충분하다."[33] 그래서 들뢰즈는 묻는다. 만약 자본주의 분석이, 이미 구성된 계급들의 단순한 변증법에 기초하는 대신, 소수자와 미규정 지대라는 문제를 도입했다면, 그래서 우리 자신과 서로에 대한 우리의 관계를 "탈영토화"하거나 "탈코드화"한 저 더 넓은 과정들을 찾고 있었다면, 그런 자본주의 분석은 어떻게 보였을까? 들뢰즈는, 우리와 "타자"라는 바로 그 착상에서 출발해서, 탈영토화를 가장 우선시하는 하나의 에토스, 곧 윤리는 무엇일지 상상해 보려고 한다.

7. 연결이 만들어질 수 있는 지대를 위해 들뢰즈가 철학사에서 찾아낸 개념은 스피노자의 '실체'Substance와 니체의 '삶'Life이다. 1960년대에 그는 이 점을 보여 주기 위해 이들 각각에 대한 기발한 해석을 발전시켰고, 그렇게 해서 그 둘 모두를 새로운 방식으로 관련지었다. 들뢰즈는 스피노자한테서 "조직면 혹은 발전면"에 앞서는 "조성면"을 찾아냈고, 니체한테서 동일성에 앞서며, 경계나 울타리에 대한 유목적 관계를 통해 주어진, 가벼운 혹은 탈영토화한 '지상'Earth을 찾아냈다. 그들은 함께 긍정과 선별의 원리를 제공한다. "연결을 증가시키는 것만을 간직하라." 왜냐하면 긍정한다는 것은 단언하거나 추정하는 것이 아니라, 가볍게 하고, 토대를 부수고, 다른 가능성

---

33 PP, p. 234.

들의 신선한 공기를 풀어놓고, 어리석음과 클리셰와 싸우는 것이기 때문이다. 출발에서부터 들뢰즈는 부정이 아니라 긍정의 철학자였고, 애도와 부재의 철학자, 슬프고 지친 아이러니의 철학자가 아니라 유머와 삶의 철학자였다. 그는 과타리와 함께, 더 이상 희생이나 박탈에 기초하지 않으며 대신에 일종의 큰 연결-기계로 작동하는 욕망 자체라는 착상을 다듬었다. 그리고 그는, 빈 페이지나 텅 빈 캔버스라는 우울한 모델에 맞서서, 페이지나 캔버스는 항상 너무 많은 클리셰, 너무 많은 개연성들로 뒤덮여 있어서, 생생한 어떤 것, 새로운 어떤 것을 찾으려면 깨끗이 청소해야 한다는 관점을 제안했다. 그는 새로움과 독창성을 일탈이나 신비한 "중단"이 아니라 연결과 실험의 위대한 예술로 개작하려 했다. 들뢰즈는 오이디푸스와 그의 비극적 운명을 햄릿과 마디에서 벗어날 수 있는 복합적인 "도시의 시간"과 대립시켰다.[34] 안티고네와 '법' 대신에, 그는 가벼움과 긍정의 형상인 아리아드네에게 끌렸다. 연결한다는 것은 긍정하는 것이고, 긍정한다는 것은 연결하는 것이니까.

---

34 [옮긴이] "시간은 마디에서 벗어나 있다"(the time is out of joint)는 햄릿의 구절에 대한 들뢰즈의 해석과 관련된 표현이다. 권말의 '옮긴이의 들뢰즈 관련 문헌'에 언급된 칸트 관련 논문을 참조.

2장 실험

1.

들뢰즈의 첫 책은 흄에 관한 것이었다. 들뢰즈가 26세 되던 1953년에 출판된 그 책은 경험론을 다시 사고하려는 시도였다. 경험론의 비밀은 철학 자체에 속하며 지식이나 과학을 보는 철학적 입장에 속하는 것만은 아니라고 들뢰즈는 생각했다. 이 비밀은 흄한테서 드러났다. 흄과 함께, 경험론은 새로운 역량들을, 심지어 새로운 논리를 발견했다. 이 논리는 모든 것은 경험에서 나온다거나 어떤 본유 관념이나 선험적 관념도 존재하지 않는다는 교과서의 정의로 환원될 수 없다.[1] 생

---

1 ES, pp. 120 이하. 들뢰즈 자신의 경험론은 백지상태(tabula rasa)와 결별하고, 본유 관념이라는 개념을 "복합"(complicate)하려 한다. 정말이지 들뢰즈는, 화이트헤드(Alfred Whitehead)의 예에서 보듯이, '형상'(形相)에 참여하는 만물에 앞서는 **복합**(complicatio)이라는 신플라톤주의적 관념과 경험론 사이의 연결고리를 찾아낸다(cf. QP, p. 101: "영미철학의 가장 특별한 그리스적 면모는 …… 그 경험론적 신플라톤주의다"). 따라서 들뢰즈의 경험론에서는, 우리는 백지에 쓰는 것이 아니다. 대신에 우리는 항상 일종의 느슨하고 완성되지 않은 패치워크의 "중간에서 시작하는" 것이며, 그 자체로 그것은 새로운 요소들, 새로운 연결들이 부착됨

각과 경험의 관계에 대한 새로운 이미지가 있다. ── 철학이 맞서는 가상의 새 의미, 극劇에 참가하는 이들이 극의 본성에 대해 갖는 새 의미가. 이 비밀을 풀면서, 그렇게 경험론의 의미 혹은 문제를 재정식화하면서, 들뢰즈는 흄에 대한 이 초기 연구를 단지 철학사 작업이 아니라 철학 작업으로 보았다. 그는 이 문제와 이 의미를 점진적으로 자신의 것으로 만들어 간다.

흄은 데카르트의 확실성의 세계에서 개연적 믿음의 세계로 이동한다. 따라서 젊은 들뢰즈에게 이 이동은 철학함이란 무엇인가에 대한 바로 그 이미지 안에서의 더 큰 변화, 철학이 다른 행위들과 맺고 있다고 여긴 온갖 관계들 안에서의 더 큰 변화에 속했으며, 한편 그 변화 역시도 나름 긴 역사를 가지게 될 것이었다. 이 역사에서 큰 적대자는 칸트였다. 흄에 대한 답변으로, 칸트는 철학을 참된 판단의 가능성의 조건²을 취급하는 판단의 법정court of judgment으로 전환했다. 이런 칸트의 이미지 대신, 들뢰즈는 실험하기의 철학을 제안한다. 1950년대 베르그손의 차이의 착상에 관한 논문에서 시작해서, 들뢰즈는 "우월한 경험론"superior empiricism을 추구했는데, 이것은 칸트

에 따라 얼마든지 형태가 바뀔 수 있다. Cf. D, pp. 54 이하. 그러므로 "주체성 문제"는 이제 새로운 식으로 설정된다. 즉, 그것은 미리 존재하는 어떠한 형상도, 어떠한 원초적 "본성"도 없는 고안이나 발명의 문제가 된다(ES, pp. 90~92: "주어진 것 안에서, 주어진 것을 넘어가는 그런 주체가, 어떻게 구성될 수 있는가?"). 더 정확히 말하면, 그것은 그런 고안 및 발명과 믿음의 관계라는 문제가 되는 것이다.

2 [옮긴이] 말하자면, 참된 판단들이 가능한 조건들은 무엇인가에 대한 탐구. 들뢰즈는 '판단'의 사법적 의미인 '심판'을 염두에 두며, 이미 존재하는 기준에 따른 심판을 경험론과 대립시킨다.

이후까지 살아남아 칸트 이후 사상에서 새로운 형식을 취한다. 문제
는 칸트가 철학에 도입한 기본적인 난점을 극복하는 것이었다. 그 난
점은 사고의 초월론적 조건들 혹은 "나는 생각한다"Ich denke라는 규
정은, 실은 그것들이 정초했다고 가정되는 "경험적" 영역들을 본뜨고
있다는 점이었다. 그런 "초월론과 경험론의 중첩doubling"에 대한 해
결책은 실험주의를 발명해 내는 것이었다. 실험주의란 가능한 경험
의 조건들을 묻는 대신, 아직 생각되지 않은 어떤 새로운 것이 솟아나
는 조건들을 찾는 것이다. 베르그손은 이런한 "차이"의 착상을 주체
와 대상의 형성에 도입했고, 윌리엄 제임스William James의 말로 하자
면 "만들어진 사물들이 아닌 만듦 중에 있는 사물들"의 경험론을 발
견했다.[3] 따라서 철학은 오류의 교정이기를 그치고, 경험이나 삶에서
주체들과 그들이 가리키는 대상들에 앞서 있는 것으로 돌아간다. 들
뢰즈가 흄에 대한 초기 연구에서 발견하는 "주체성의 문제"란 다음
과 같다. 즉, 자아self란 주어지는 것이 아니라 미규정인 세계로부터
습관을 통해 형성되며, 그 자체가 흩어 버리기 어려운 이상한 종류의
"허구"fiction다. 그것은 정확히 우리 자신과 우리 세계라는 허구니까.[4]
따라서 이 "고안품", 즉 자아의 규정은 이미 칸트에서 심화되며, "나는
생각한다"의 형성 속에 있는 미규정은 시간성과의 근원적 관계를 발

---

3 William James, *A Pluralist Universe*, Nebraska, 1996, p. 263. 앙리 베르그손에 대한 이 강의는 영
  국 헤겔주의자들의 "총체성"과 당시 이들에 대립하고 있던 논리적 "원자" 둘 다에 맞서는 것
  이었다. 급진(radical) 경험론은 총체성에도 원자에도 기초하지 않는 또 다른 "다원론적" 논
  리를 포함한다. 이것은 베르그손이 "질적 다양체"라고 부른 것의 논리이다.
4 "Hume", PI.

견한다. 훗날 베르그손과 제임스가 펼쳐 있음extension(연장) 혹은 "덩어리 우주"the block universe라는 관념에서 해방하려고 했던 것이 바로 이 시간성이다. 우리는 이런 식으로 주체와 대상에 앞서는, 경험 안에서의 구성 가능성, 즉 들뢰즈가 "내재면"이라 부르게 될 것에 도달한다. 사르트르는 "자아의 초월성"을 정식화하면서 그것에 접근했다. 푸코는 생각이라는 "사건"의 조건으로서 주체와 지시체에 앞서는, 담론의 비인물성 혹은 익명성을 연구하려는 시도 속에서 그것을 재발견했다. 각 경우에 들뢰즈는 그 어떤 초월론적 주관성 혹은 간주관성에도 앞서는 "우월한 경험론"을 본다. 그것은 "순수 내재성"을 상정하는 일종의 철학적 실험주의로, 어떤 최초의 요소나 초월론적 요소도 없고, 주관적이든 객관적이든 그 어떤 앞선 것에도 내재하지 않는다.[5]

이런 방식으로 경험론의 비밀은 철학 전체의 비밀이 된다. 즉 철학을 행한다는 것이 어떤 것이고 무엇을 의미하는지에 대한 독특한 관점 말이다. 어떤 언어에도 이와 꼭 같은 것은 없다. 그것은 우리에게 익숙한 구분들과 철학함의 방법들에 쉽게 들어맞지 않는다. 하지만 그것은 오늘날 많이 바뀐 지리와 기후에서, 여전히 새로운, 그러나 이런 관점이 등장한 전후 프랑스 철학이 내놓았던 것들과는 다소 다른 연결들을 끌어낼 수 있을 것이며, 그리하여 새로운 용법들, 새로운 가능성들, 새로운 삶을 획득할 수 있을 것이다.

---

5 "Immanence: a life", PI. QP의 예 III 참조. 여기서 들뢰즈는 다음과 같이 선언한다(p. 49): "우리가 내재면에 대해 말할 수 있는 것은 바로, 내재성이 그 자체 말고는 다른 어떤 것에도 더는 내재하지 않는 때다. 이런 평면은 아마도 근본적 경험론일 것이다……."

2.

우리는 경험론을 러셀Bertrand Russell식 논리 "분석"에 가두고, 경험론을 대륙의 역사주의나 형이상학과 대립시키고, 또 아마도 콰인Willard Quine의 전체론을 빈 학파[6]의 철학에서의 경험론의 "규약"protocol에 대한 교정으로 여기는 데 익숙하다. 그러나 들뢰즈는 흄을 또 다른 방향으로 데려가서, 단순히 철학사의 주제 및 문제와의 연관성뿐 아니라 루이스 캐럴, 앨프리드 히치콕Alfred Hitchcock, 혹은 허먼 멜빌Herman Melville의 주제 및 문제와의 연관성도 찾아내고 있다. 들뢰즈는 스토아학파에서, 또 높이와 깊이에서 해방된 표면이라는 스토아적 의미에서 이 연관성을 보았고, 또한 후에 그가 프랜시스 베이컨의 회화에서 찾아낸 공간성을 예견하기도 했다. 오직 영국인과 스토아학파만이 실제로 사건을 이해했다고, 들뢰즈는 특유의 유머로 말했다. 그러나 동시에 들뢰즈의 "경험론"은 그를 동시대 프랑스 학자들과 구별시켰다. 푸코에 따르면, 경험론은 들뢰즈가 현상학에서 벗어나는 길이었다.[7] 그러나 그것은 또한 그가 촘스키Noam Chomsky나 소쉬르Ferdinand de Saussure 구조주의의 "언어학의 기본전제들"에 대립시킨 "화행론"의 일부였다.[8] 동시대 프랑스 철학은 가령, '볼 수 없

---

6 [옮긴이] 논리실증주의(Logical Positivism)를 가리킨다.

7 Foucault, "Structuralism and Post-Structuralism", *Michel Foucault, Essential Works*, vol. 2, The New Press, 1998, p. 438. 그렇지만 후설에 반대하여, 들뢰즈도 "자아의 초월성"이라는 사르트르의 "결정적인" 생각에 이끌렸었다. LS, p. 120을 보라.

8 MP, pp. 95 이하. 들뢰즈는 결코 자신을 탈구조주의자라고 본 적이 없었다. 1967년 "구조주의란 무엇인가?"란 물음에 대한 대답에서(*La philosophie*, tome 4, ed. François Châtelet, Hachette, 1972), 들뢰즈는 오히려 구조주의 내부에 있는 일종의 긴장을 분명히 인식하고 있다. 따라서

는 것'이나 '부재하는 것', 아니면 '재현 불가능한 것'과 그것이 상정하는 '법' 등 특유한 신비주의의 형식으로 초월을 다시 설치하려는 유혹에 빠져 있었는데, 들뢰즈는 푸코가 블랑쇼Maurice Blanchot를 언급하면서 "바깥"이라고 부른 것의 실험주의를 저 신비주의에 대립시키며, 저들을 유혹에서 구해 내려고 노력했다. 들뢰즈는 '법'Law이나 "세계의 살"flesh of the world의 이런 초월에 대해 늘 이렇게 말했다. "너무 경건하다, 아직도 너무 경건하다." 니체가 철학을 해방하려 노력했던 여전히 너무 많은 사제의 형상이 있고, 스피노자가 벗어나는 길을 발견했던 너무 많은 "정치-신학적" 배치체가 있다. 미국식 프래그머티즘에는 "경험론적 전환"이 충분하지 않지만, 그렇더라도 그것은 구원을 실험으로 대체하고 있다.[9]

　따라서 들뢰즈의 작업은 과학에서 통약通約 불가능하거나 통일되지 않은 프로그램들의 증식을 말하는 파이어아벤트Paul Feyerabend의 "경험론"과 친화성이 있는 것 같다. 푸코와 관련해서, 들뢰즈는 이성이 언제나 새로운 스타일과 문제를 찾아내면서 항상 "분기해 가는" 방식 안에 있는 다원론에 대해 말했다.[10] 그러나 들뢰즈가 영어권 독

관계들이 항들의 외부에 있다는 흄의 생각은, 자유로운 차이들과 반복 가능한 독자성들에 대한 들뢰즈 자신의 논리를 허용한다.

9　박애주의와 대립해서 프래그머티즘을 우리 자신과 우리 세계를 "만들기"의 철학으로 바라보는 이런 관점에 대해서는, CC, pp. 110 이하를 보라.

10 Deleuze, "What is a *dispositif*?", *Michel Foucault, Philosopher*. 들뢰즈는 푸코가 그 자신이 책임지지 않아도 될 일에 대한 오해의 희생자가 되었다고 하면서 그런 "다원론"을 하버마스(Jürgen Habermas)와 대립시킨다. 하버마스는 이성을 "유사-초월론적 이해관계"로 삼분했다. 그러므로 들뢰즈의 "다원론"은 학문들의 불일치가 사물의 무질서를 상정한다는 존 뒤프레(John Dupré)의 논제와 관련되는 것 같다(*The Disorder of Things*, Harvard, 1993). 뒤프레의 "무질서"

자들에게 "나는 항상 나 자신이 경험론자, 곧 다원론자라고 느껴 왔다"라고 설명할 때, 그것은 오히려 추상과 "허울만 그럴듯한 구체성"에 대한 화이트헤드의 비판과 관련해서다.[11] 들뢰즈는 더 명백하게는 제임스의 "급진 경험론"과, 또 믿음의 문제를 확언가능성assertability 혹은 동의agreements의 "보증"warrant 너머로 밀고 가려는 시도와 친화성이 있다. 그것은 리처드 로티Richard Rorty와 들뢰즈가 구별되는 한 방식이다. 로티는 화이트헤드에 대한 젊은 시절의 열광을 단념하고 일종의 진화해 가는 문화적 "대화"conversation를 선호하면서 사실상 자신의 철학을 시작했다.[12] 이미 들뢰즈는 흄의 『자연 종교에 관한 대

란 들뢰즈가 『철학이란 무엇인가?』에서 상세히 설명하고 있듯, 과학적 의미보다는 철학적 의미에서 "카오스"와 비슷한 어떤 것이다. 이처럼 (들뢰즈가 자주 인용하는) 프랑스 과학 철학자 레몽 뤼예는 "무질서한 우주"에 대한 하나의 그림을 제시하며 그것과 다양한 추론 양식들에 의해 도입된 "정보의 프레임들"의 관련성을 제시하고 있다고 읽는 것이 가능하다.

11 D, pp. vi~vii. 들뢰즈는 "경험론이란 근본적으로 논리에, 즉 다양체의 논리(관계들은 오직 이것의 한 양상일 뿐이다)와 연결되어 있다"라고 말한다. 우리는 그런 관점을 들뢰즈 자신의 경험론의 원리라고 여길 수 있다. 화이트헤드의 원리, 즉 "추상은 설명하지 않으며 그 자신이 설명되어야 하고, 목적은 영원한 것 혹은 보편적인 것을 재발견하는 것이 아니라 어떤 새로운 것이 생산되는 조건(창조성creativeness)을 찾아내는 것이다"라는 원리는, 따라서 들뢰즈의 실험주의에서의 "비판" 관념의 변화된 역할을 표현해 준다. 가령 들뢰즈는, 넌더리 나는 해부나 비정상적 인격처럼 우리의 실천에서 당연하게 생각하는 "추상들"을 그것들이 유래하는 다양체들로 되돌려 놓고, 그럼으로써 우리의 역사를 복합하는(complicating) 동시에 "사건화하는" 푸코의 비판적인 시도 속에서, 일종의 "경험론" 또는 "실험주의"를 본다. 들뢰즈에 따르면, 푸코는 역사를 일종의 실험으로 만드는 일을 개시한다. "역사를 사건화하기"에 대한 푸코 자신의 언급을 참조할 것(Dits et écrits IV, pp. 23 이하).

12 로티는 "언어적 전환"을 받아들여, 모든 "자연 철학"을 "문화사"로 대체하기 시작했을 때, 화이트헤드에 대한 젊은 시절의 열광을 포기했다. 훗날 로티는 바로 이런 길을 따라서, 듀이의 경험 개념 안에 있는 자연주의적 가설에서 듀이를 구해 내고자 했다. 그러나 로티의 "문화사"는 종종 빈약하고 이차적이다. 그것과 함께 로티는 더 이상 과학을 문학과 구별할 수 없다고 자랑스러워하게 되는 지점으로 이끌렸다. 이것은 경험론에 있어서는 이상한 결과다. 듀이는 "지식에 대한 구경꾼 이론"(spectator theory of knowledge)에 반대했다. 그러나 로티

화』*Dialogue on Natural Religion*에서 동의보다 유머에 의해 주어진 대화나 대담의 스타일을 발견해 낸다. 유머는 로티 자신의 프래그머티즘 혹은 경험론이 질척거리며 빠져 있는 동의와 연대라는 언어적 실천 너머로 우리를 데려간다.[13]

경험론은 관계들에 관한 것이다. 흄이 "인간 본성"을 구성하기 위해 채택한 그런 종류의 관계들 말이다. 그러나 그런 관계들은 동의나 통념에 기반할 필요가 없다. 러셀은 관계들이 "항들에 외재적"이라는 것을 보여 주었다. 그러나 이 생각을 밀어붙여, 러셀이 여전히 머물러 작업하고 있는 술어 논리학predicate logic을 넘어, 동의와 명제에 분명히 앞선 "의미" 안의 저 요소로 가야 한다. 들뢰즈의 독창성은 경험론을 "통념"의 가정들에서 해방했다는 데 있고, 철학에서 개념들의 결속성consistency이나 정합성coherence이 존재하려면 문제들이 있어야 하고, 문제들은 사물들이 동의에 "정착"하기 전에 도래해서 그 안에 계속 머무는 "바깥"에 의해 도입된다고 말한 데 있다. 그는 사고

가 이끌렸던 "대화 이론"(conversation theory)에 대해서 듀이는 무슨 생각을 했던가? 제임스와 프래그머티즘에서의 "경험론"에 대한 관점은 David Lapoujade, *William James: Empirisme et pragmatisme*(PUF, 1997)을 보라. 이 경험론은 들뢰즈 자신의 관점에 더 가까우며 로티와 명백한 대조를 보인다.

13 "Hume", PI에서, 들뢰즈는 『자연 종교에 관한 대화』가 "아마도 철학에서의 진정한 대화의 유일한 경우"라는 것을 발견한다. 왜냐하면 "거기에는 두 명의 등장인물이 아니라 세 명이 있으며, 이들은 한목소리를 내는(univocal) 역할을 하는 것이 아니라 연대했다가 깨뜨리고 다시 화해하기……" 때문이다. 그래서 들뢰즈는 대화라는 로티의 생각보다는, 어떠한 특정한 만족이나 동의에 선행하는 일종의 사교성이라는 짐멜의 생각을 선호한다(QP, p. 84). 그리고 들뢰즈는 소크라테스에 관해서도, 그가 사실은 보통의 대화에서는 "토론 불가능한" 것들을 그것들이 철학적인 문제와 관련된다는 이유만으로 끌어들임으로써 항상 "토론"을 불가능하게 만들었다고 말한다(QP, pp. 32~33).

의 경험 혹은 실험주의를, 안정적이고 간주관적인 "우리"가 확립되기 전의 지대로 밀어붙이며, 그것을 우리 세계 안에서 우리 자신이나 사물들을 재인지하는 문제가 아니라, 오히려 우리가 아직 "규정"할 수 없는 것과의 만남이라는 문제로 만든다. 우리는 아직 단어조차 없기에, 아직 기술하거나 동의할 수 없다. 그렇기에 우리는 흄의 "관계들"을 '나는 생각한다'의 초월론적 조건들로 전환하려는 칸트의 시도에 저항해야 한다. 오히려 우리는 "화행론적" 혹은 "언어적"wordly 견지에서 관계들이 이미 흄의 묵계 개념과 관련된다고 보아야 한다. 그래야만 우리는 "주체성의 문제"에 대한 흄의 정식화가 지닌 충만한 힘이 격정과 격정을 표현하는 고안물에 대한 흄의 견해에 담겨 있다는 것을 알게 된다. 흄의 견해는 우리가 우리의 사회적 정체성을 넘어가서 사회를 계약보다 실험으로 볼 수 있게 해 준다. 요컨대 철학에서 "경험" 혹은 "실험"의 문제는 개념적 관계들을 형성하는 문제가 된다. 이 관계들은 구성 요소들이 퍼즐 조각이 아니라 오히려 아직 시멘트로 접착하지 않은 벽에 임시로 한데 모인 제각각의 돌처럼 맞춰진 구성물 속에 아직 주어지지 않은 채로 있기 때문이다.[14]

3.
따라서 들뢰즈의 경험론은 그의 철학을 구성하는 스타일에서 드러나

---

14 CC, p. 110: "서로 잘 맞아떨어지는 조각들이 전체를 재구성하게 되는 퍼즐이 아니라 시멘트를 바르지 않은 자유로운 돌들의 벽에 더 가까우며, 그 안에서 각 요소는 자신에 의지하고, 아직 다른 것들과의 관계에서는……."

며, 그가 자기 철학의 개념들을 설명하거나 아이디어들을 제시하는 방식에서 드러난다. "나는 개념에 대한 직접적인 설명으로 나아가는 일종의 경험론과 결코 절연한 적이 없었다"라고 그는 공언한다. 아마 그 때문에 들뢰즈는 비슷한 주제에 연관된 동시대 철학자 중에서 가장 "소박"하고 가장 "결백"한 사람, 즉 철학하기에 대해 양심의 가책을 가장 덜 가졌던 사람일 수 있었다.[15] 들뢰즈는 "철학의 종말"에 대한 지나치게 극적인 근심들이 너무도 "성가신 허튼소리"임을 알고 있었다.[16] 그런 우울한 주제에 직면해서, 들뢰즈는 철학을 아르 브뤼art brut, 즉 "다른 분과들과 …… 외부 관계에 돌입할 수 있게 해 주는 자신의 원재료"[17]를 지닌 일종의 "아웃사이더의 예술"로 실천하려 했다.[18] 그는 철학을 개념들을 인물로 하는 일종의 탐정소설로 그려 보였다. 여기서 개념 인물들은 국지적 문제들을 해결하는 데 개입하며, 신선한 물음이 떠오르고 새로운 드라마가 형성됨에 따라 그 자신도 변한다.

---

15 PP, p. 122. 들뢰즈가 상상하기에 푸코가 "이 세기는 들뢰즈의 것이 될 것"이라고 말했을 때 염두에 두었을 것은 아마도 이런 "소박한 경험론"이었다.

16 QP, p. 14. 철학의 종말에 대한, 우선은 헤겔적인, 다음엔 하이데거적인 주제에 대한 들뢰즈의 기각 처분은 변함이 없었다. 예컨대 D, p. 12에서, 들뢰즈는 전후 프랑스 철학에서 진정한 하이데거-문제란 하이데거의 명백한 나치즘에 있기보다는 하이데거가 한 세대의 뇌 속에 "형이상학의 종말" 같은 우울한 주제를 주입했다는 데 있다고 말한다. 들뢰즈의 "경험론"은 이런 하이데거적인 막다른 골목에서 나오는 길의 일부를 이루었다. 그래서 가령 들뢰즈는 스토아주의에 대한 견해에서도 하이데거와는 매우 다르며 오히려 자신의 경험론에 더 가까운 골트슈미트(Victor Goldschmidt)에게 향한다(LS, pp. 167 이하 참조).

17 PP, p. 122.

18 [옮긴이] 아르 브뤼와 관련하여 국내에 번역된 책으로 장 뒤뷔페, 『아웃사이더 아트』(장윤선 옮김, 다빈치, 2003)를 참고하면 좋다. 많은 그림과 글이 들어 있다.

따라서 우리는 들뢰즈의 철학이 다음의 방식으로 세워졌다고 상상해 볼 수 있다. 서로 다른 개념 "조각들"bits이 있는데, 각각은 처음에는 개별 문제와 관련해서 도입되었지만, 그 후에는 새 맥락 속에 재도입되고, 새 관점에서 조망된다. 다양한 조각 간의 정합성은, 새 개념들이 보태지고 신선한 문제들이 주목됨에 따라, 한 작업에서 다음 작업으로 옮겨 간다. 정합성은 명제 간의 "논리적 일관성"에 의해 주어지지 않고 오히려 "계열들" 혹은 "고원들"에 의해 주어지며, 개념적 조각들은 상관관계의 그물에 따라 드나들거나 안착한다. 예술이나 과학에서 생겨나는 문제들, 혹은 정치가 수행되거나 사회가 결속되는 방식을 "문제화"하는 사건들과 새롭게 "만나"면, 이 만남은 다시 생각하기 혹은 재발명을 요청하는 새 물음들을 도입한다. 따라서 조각들은 잘 형성된 유기체나 합목적적 메커니즘 혹은 잘 만들어진 서사敍事 안의 부분들처럼 함께 작동하지는 않는다. 전체는 주어지지 않고, 사물들은 항상 중간에서 다시 시작하며, 다른 더 느슨한 방식으로 함께한다. 그래서 만일 한 지대나 "고원"에서 다른 곳으로 갔다가 다시 돌아온다 해도, 잘 계획된 여행 일정이라는 의미는 전혀 없다. 반대로 어떠한 지도도 미리 존재하지 않는 일종의 개념적 여행길에 오른 셈인데, 이 여행을 위해서는 일상 담론은 남겨 두고 떠나야 하고 어디에 상륙할지 결코 확신해서는 안 된다.

이런 구성물 안에서 다양한 "조각들"을 이루는 개념, 문제, 드라마 중 몇몇은 예전 철학자들의 작업을 신선하게 바라보는 데서, 그들의 문제들을 새 각도에서 취함으로써 나온다. 흄에 대한 젊은 시절의 연구에서 이미 들뢰즈는 선배들의 "후원 없이"off the backs, 기본 문제들과 개념들에 새 빛을 던지면서 철학할 수 있다고 생각했다. 들뢰즈 자신의 경우를 보면, 그가 베르그손한테 발견한, 혹은 그가 베르그손주의를 다시 생각해 보게 해 준 차이의 개념과 문제에 관해 이것은 특히 맞는 말이다. 이것은 "경험론의 문제" 자체에도 해당한다. 흄을 통해 교과서의 정의에서 추출된 그 문제는 다른 철학자들의 작업에 관여하게 되었다. 그것은 한편으로 베르그손에서, 다른 한편 사르트르에서, 또 한편 푸코에서 발견된다. 이렇게 들뢰즈는 니체에게서 "경험론"을, 스피노자에게서 "실험주의"를 찾아내며, 그것들은 이번엔 루크레티우스Lucretius와의 "지하의" 계통을 발견한다. 새 문제, 새 "탐정소설"이 등장한다. 즉, 어떻게 "세계를 믿을 것인가"의 문제가.

그러나 한 조각에서 다른 조각으로의 이런 끊임없는 이행, 이 "유목민적" 방랑은 그 자체로 일종의 "경험론"이다. 그것은 유기적 통일(그것의 상실에 대한 낭만주의적 향수)에 의지하지 않으면서, 그리고 칸트에서 헤겔이나 하버마스로 가는 공적 교수의 전통에 있는 것과 같은 상위 국가a higher Republic의 내면화로서의 대학의 이념과 불화하는 방식으로, 지식의 구획화에서 떠나는 방법이다. 들뢰즈의 경험론 안에서, 철학은 항상 학술원Academy 바깥에 있는, 학술원이 판사와 야경꾼으로 구현하거나 수호하는 초월적 자아들에 대한 상호 인정 바깥에 있는 무언가와의 만남에서 시작한다. 들뢰즈는 "소르본의 가망성" 바깥에 있는 무언가를 가리키면서 사르트르가 그의 세대를 위해 이 역할을 했다고 생각했다. 그러나 "사적인 사상가"와 "공적인 교수"를 대립시키면서 적절한 구분을 명료하게 드러냈던 사람은 바로 바그너Richard Wagner와 결별하고 바젤의 교수직을 내버린 니체였다. "나는 많은 길로, 많은 길에 의해 내 진실에 왔다. …… 유일한 길이란 없으니까"라고 선언할 때, 니체 자신은 방랑하는 차라투스트라의 방식으로 경험론자인 동시에 유목민이 되었다. 이와 비슷하게, 스피노자도 공적인 교수직 제의를 거절했다. 그는 공적인 교수였던 홉스와 대립하는 철학의 본성 혹은 기능이라는 관점에 맞게, 친구들과 학생들로 이루어진 자신의 동아리와 작업하는 것을 더 좋아했다.[19] 그리고 고독하고도 까다로운 퍼스Charles Sanders Peirce가 '형이상학 클럽'Metaphysical Club 전에 진전시킨 실험 정신을 지닌 끝없는 탐구자 공동체에 대한 호소조차도 사회적-과학적 전문지식의 동의에 의존하겠다는 예견이기보다 앞서 말한 [사르트르, 니체, 스피노자 등의] 노선을 따라 읽힐 수 있다. 요컨대 들뢰즈의 경험론은 학파들과 그들의 방법들에 대항하는 것이었으며, 그는 어떠한 학파에 속하지도, 학파를 설립하지도 않았다. 들뢰즈는 헤겔에게 출몰하는 백과사전적 이미지에서 "개념의 교육학"을 해방해서 고다르Jean-Luc Godard의 "이미지의 교육학"에 더 가깝게 만들려고 했고, 나아가 저 옛 백과사전적 이상을 대체하는 중이라고 그가 두려워한 사고와 이미지에 대한 새로운 정보적-소통적 훈련에 맞서 그것을 지켜 내려 했다. 학파들과 아방가르드들과는 반대 방향을 향했지만, 들뢰즈의 경험론은 앞서서 지시하는 방법이 갖고 있는 또 다른 엄격함이나 논리를 요구

---

19 사적인 사상가와 공적인 교수 사이의 차이점과 관련하여 스피노자와 홉스 사이의 대립의 자세한 내용은 Étienne Balibar, "L'institution de la vérité: Hobbes et Spinoza", *Lieux et noms de la vérité*(Paris, Aube, 1994), pp. 21~54를 보라.

하며, 일종의 선별을 포함한다. 무엇이든 다 된다는 문제는 결코 아니었다.

4.

만남을 통한 다양한 증식, 문제와 개념의 직관에 있어 비방법적 엄격함은, 이번엔 들뢰즈의 철학이 성장하고 나름의 정합성을 얻는 방식에 의해서도 드러난다. 성장은 선형이 아니다. (초기, 중기, 후기의 국면을 갖는) "발전적" 성장도 아니다. 또한 그것은 들뢰즈가 푸코에게서 발견했던 그런 종류의 연이은 위기들에 의해 진행하지도 않는다 (푸코한테 "작업의 논리"는 그것이 겪은 위기들 안에 있다).[20] 비트겐슈타인이나 하이데거 같은 커다란 극적 전환점도 없다. 이들에게는 하나의 철학 스타일이 다른 스타일에 대한 선호 때문에 포기된다. 게다가 들뢰즈가 니체 철학의 단계들에서 발견한 결백을 향한 여행 같은 것도 없다.[21] 들뢰즈의 철학은 성장함에 따라 더 "성숙"해지는 것이 아니라, 오히려 그것의 내적 관계 안에서뿐만 아니라 그것의 함축과 범위 안에서 더 복잡하고 다양해진다. 그의 철학은 개념과 문제의 연속 변주에 의해 진행하며, 앞 지점으로 부단히 되돌아가 새 계열에 삽입되며, 뿌리에서 뻗어 가거나 토대에서 건설되기보다 오히려 리좀처럼 펼쳐진다.

---

20 PP. p. 129; cf. pp. 142 이하.
21 "Nietzsche", PI에서, 들뢰즈는 낙타에서 사자로 그리고 결백의 형상인 아이로 가는 이행을 묘사한다.

그렇지만 강렬한 발명 시기들이 있다. 들뢰즈가 드골 시기 프랑스에서 학생들에게 철학 국가시험을 준비시키던 흄에 관한 연구를 잇는 첫째 시기가 있다. 이 시기 베르그손에 관한 초기 논문들에서는, 1960년대에 들뢰즈가 출판하게 될 니체, 프루스트, 스피노자, 베르그손에 관한 일련의 주목할 만한 책들에서 펼쳐질 많은 것들을 이미 발견할 수 있다. 그래서 이 첫째 발명 시기의 많은 길은 두 편의 논리 걸작 『차이와 반복』과 『의미의 논리』에 한데 모인다. 1968년 사건은 두 번째 강렬한 발명 시기의 특징으로, 이때 들뢰즈는 뱅센Vincennes의 파리8대학의 "실험적인" 철학과에서 가르치게 되었다. 당시 '감옥 정보 모임'Groupe d'information sur les prisons(G.I.P.)에서의 푸코와의 작업과 『관용할 수 없는 것』L'Intolérable의 출판이 있었다. 뱅센의 세미나도 시작했는데, 거기에서는 고전적인 "지식의 진보성"은 포기되었고, 그의 철학에 이끌린 많은 비철학자들로 이루어진 점점 더 "잡다한" 대중에게 문이 개방되었다. 무엇보다 펠릭스 과타리Félix Guattari와의 "공저"multiple authorship 및 "대중 철학" 실험이 있었는데, 이 실험은 들뢰즈가 가장 훌륭하고 가장 창의적인 책이라고 여기게 될 1980년 『천 개의 고원』의 출판으로 이어진다. 이런 식으로, 들뢰즈 브랜드의 철학적 경험론은 1968년의 힘들이 풀어놓은 것처럼 보이는 종류의 "기쁜 앎"gay science과 힘을 합했다. 이는, 논리실증주의에서 물려받은 "과학의 이미지"에 대립해서 파이어아벤트와 쿤Thomas Kuhn의 새 경험론이 미국에서 비슷한 힘들을 풀어놓았던 것과 비슷하다. 들뢰즈의 작업 중 바로 이 국면이 가장 잘 알려져 있다. 프랑스에서 "포스트모더니즘"에 경도됐던 이들과 마찬가지로, 이후에 들뢰즈는 결코 이 국면을 저버리지 않았다.

사실 시절은 『천 개의 고원』에 적절치 않았고, 들뢰즈는 그 책의 수용 양상에 실망했다. 따라서 1980년대에 우리는 들뢰즈 철학의 펼침에서 세 번째 발명의 계기를 발견한다. 경험론의 문제는 새 문제의 식별에서 발견된다. 그것은 몇몇 경우에 그가 오늘날 우리의 문제로 제시하게 될 문제, 즉 세계에 대한 믿음이라는 문제였다. 그 문제는 전후戰後 영화가 네오리얼리즘에서 발견한 "참을 수 없는 것을 보여 주려는" 시도에서 출발해서, 보기, 시간, 행동 사이에 새로운 종류의 관계를 도입한 방식에 대한 들뢰즈의 연구를 통해 가장 충만하게 발전했다. 이 문제는 이미 『차이와 반복』에서 제기된 적이 있었다.[22] 이 책의 몇몇 구절에서 들뢰즈는 햄릿의 문구 "시간은 마디에서 벗어나 있다"와 그 문구가 칸트에 적용될 수 있는 방식에 관한 주석을 소개한다. 거기에서 들뢰즈는, 알려지지 않은 미래 혹은 앞으로 도래할 것에 맞게 조정되어 있는 "시간의 종합"에 대한 믿음의 역할은 키르케고르, 파스칼, 페기 같은 종교적 철학자에 의해 가장 잘 정식화되었다고 말한다. 왜냐하면 각자의 종교와 관련해 이들은 신에 대한 믿음의 문제를 믿는 자의 실존 양태의 문제로 바꾸었기 때문이다. 이들은 다른 세계 곧 초월 세계보다 이 세계 속에 있는 믿음 혹은 신뢰라는, 또 다른 개종으로 향하는 길을 가리키고 있었다. 따라서 들뢰즈의 생각에, 히틀러와 전쟁을 겪은 후에 영화 속 "시간-이미지"가 우리에게 제

---

22 DR, pp. 118 이하. 그리고 키르케고르(Søren Kierkegaard)와 페기(Charles Péguy)에 관해서는 pp. 126 이하.

공한 것은 바로 이런 종류의 "경험론적 개종"이었다. 그것이 전후 철학과 함께 작업했던 문제는 "운동"의 위기 전체였다. 가령 "변증법적 몽타주"와 자의식을 향한 대중의 운동을 에이젠시테인Sergei Eisenstein 은 여전히 신뢰할 수 있었지만, 이제 위기가 닥쳤다. 이제 사고와 행위 혹은 행위자의 관계는 모두 변해야 했다. "대중을 대표"하는 문제는 세계와의 관계 또는 세계에 대한 신뢰와의 관계에 따라 새 프래그머티즘, 새 경험론에 맞게 소수자들의 공간 및 시간과 관련하여 다시 생각되어야 했다. 하지만 영화 연구 속에서 이 문제를 정식화하면서, 들뢰즈는 새 경쟁자, 즉 정보 혹은 소통의 문제를 발견했다. 한 짧은 글에서, 들뢰즈는 푸코가 규율disciplines 분석에서 진단한 것과는 다른 종류의 문제들을 제기하면서, 정보 혹은 소통의 문제와 함께 가는 "자본주의 내의 돌연변이"를 그려 보는 데까지 간다.[23] 우리로부터 세계를 다시 빼앗는 것은 그런 사회들 속의 "제어"의 특징이다. 그래서, 우리는 세계에 대한 신뢰와 철학과 세계의 관계를 회복하기 위해 신선한 "경험론적 개종"이 필요하다. 따라서 발명의 가장 최후 혹은 최근 계기에, 들뢰즈는 철학이란 무엇이며, 무엇일 수 있는지 상상하는 문제로 나아가, 이 새 경쟁자, 이 새 문제와 대결하려 했다.

5.

들뢰즈는 특별히 관대한 철학자로, 니체의 "선물하는 덕"이라는 주제

---

23 "Societies of control", PP, pp. 240 이하.

에 매혹되었으며, 종종 그가 글의 대상으로 삼거나 함께 작업했던 사람들로부터 그의 독창성을 분리하는 것이 어려운 지점까지 갔다. 들뢰즈는 논쟁을 좋아하지 않았고, 대신 좋아하는 방향으로 일을 밀고 가기를 더 좋아했다. 칸트를 다룰 때도 그랬다. 들뢰즈는 『의미의 논리』에서 오직 "훔쳐질" 수만 있는 것을 주는 데서 성립하는 특이한 종류의 관대함에 대해 쓴다. 그럼으로써 그는 필리아philia 즉 우정에 대해, 라캉Jacques Lacan이 사랑에 대해 정의한 "갖고 있지 않은 것을 주기"와는 사뭇 다른 관념을 시사한다. 사실, 그런 식으로 철학자와 비철학자가 들뢰즈로부터 많은 아이디어를 "훔쳤지만", 들뢰즈는 그에 관해 탁월하게 평정을 유지했다. 이것은 그가 아이디어의 발명과 "소유"를 둘러싼 질투, 편집증, "영향력의 불안"(혹은 오이디푸스 콤플렉스)이라는 습관적 회로에서 유별나게 자유로운 철학자였기 때문이다. 들뢰즈는 언제나 다른 사람에게 있는 새롭고 독자적인 것을 유심히 살폈고, 다른 사람이 자기 철학을 "해석"하지 말라고 말리면서 그것을 "사용"하라고 격려하려 했다. 이렇게 말할 수도 있으리라. 그런 관대함은 철학을 하는 그의 특별한 에토스ethos 혹은 "실존 방식"에 속하며, 판단을 넘어 그에 선행하는 발명과 긍정으로까지, 철학에서의 실험이 생명론과 분리할 수 없게 되는 저 지점까지 밀고 나가려 하는, 경험론과 잘 들어맞는 것이라고.

따라서 철학을 배운다는 것, 철학을 전한다는 것은 이 경험을 지니고, 이 실험에 참여하게 된다는 뜻이다. 이를 위해서는 어떤 방법도, 어떤 교리도, 어떤 학파도 존재하지 않으며, 일종의 "우정"이 존재할 뿐이다. 전통 속에서도 들뢰즈는 공식 철학사 안에서 소화하기 어려운, 불운한 퍼스, 미치광이 니체, 기쁜 스피노자, 혹은 표면적인 루크레티우스와 같은 부적격자들과 떨거지들에 이끌렸다. 들뢰즈에게 철학은 당도, 교회도, 아방가르드도 없다. 그는 결코 마르크스주의자가 아니었고 반-마르크스주의자나 후-마르크스주의자도 아니었다. 오히려 당의 구호를 넘어 "대중을 대표한다"는 것이 무슨 뜻인지, 삶의 다른 가능성의 "내재성"이란 견지에서 자본주의를 분석하고 그런 가능성을 갖고서 실험할 수 있는 우리의 능력을 분석한다는 것이 무슨 뜻인지 물으면서, 들뢰즈는 변화된 맥락에서 마르크스의 문제들을 다루려 했다. 결국, 그는 그런 가능성에 대해 "유토피아"란 용어를 사용할 때 여전히 너무 많은 초월과 신비주의, 혹은 "알레고리"가 있다는 것을 발견했다. 그래서 그는 "nowhere"(아무 곳도 아님)와 "now here"(지금 여기)의 철자를 바꾼 말이자 일종의 경험론의 비밀인 새뮤얼 버틀러Samuel Butler의 "erewhon"(에러헌)을 더 좋아했으며, 이 말은 묵계라는 흄의 독창적인 관념의 "영국적임"과 재결합한다.[24]

들뢰즈가 흄에게서 감탄했던 것은, 흄이 스피노자와 나란히 고전적 사회 계약론의 가정에서 벗어나, 실험으로서의 사회라는 관점으로 향하며, 이 관점은 동일성이나 동일시 따위에 내재한 폭력의 문제라는 새 문제의 정식화와 조화를 이룬다. 그런 것이 흄이 말하는 가

---

24 "경험론의 비밀"로서의 에러헌에 대해서는, DR, pp. 3~4를 보라. 규칙과 관련한 묵계, 또 계약보다는 제도의 문제로서의 묵계라는 관념에 대해서는, ES, pp. 55 이하와 QP, p. 101을 보라. 나는 사실상 들뢰즈가 비판적 사고에서 저 오래된 유토피아-알레고리 관계를 다른 지도제작을 포함하는 진단-실험 관계로 대체하려 한다고 제안한다. — 나의 "A New Pragmatism?", Anyhow(MIT Press, 1998)를 보라.

족, 씨족, 국가에 대한 우리의 "편파성"partiality의 문제가 중요한 이유다. 그것은 이해관계들의 합리적인 혹은 공평한 조정이라는 문제보다 훨씬 더 다루기 힘든 문제로, 흄은 우리 격정들의 조성에서 "고안물"을 통해 (혹은 일종의 "예절"을 통해) 이 문제를 해결하고자 했다. 스피노자에게 그 문제는 독자적 본질로서의 우리 자신의 조성에서, 혹은 도시에서 슬픈 격정에 대한 기쁜 격정의 승리라는 견지에서, 모든 "정치-신학"을 넘어선 다른 역량들의 내재성이라는 형식을 띤다. 왜냐하면 스피노자는, 가장 나쁘고 가장 다루기 힘든 증오나 폭력은 헌신에서 나오고 헌신의 이름으로 영속화되는 증오나 폭력이라고 생각했기 때문이다. 따라서 들뢰즈 특유의 경험론 혹은 실험주의가 추정과 주소를 발견하는 곳은, 이해관계들과 그 조직화보다는 저 격정들과 과정들이다. 그 경험론 혹은 실험주의가 호소하는 우리란, 사회를 구성하기 위해 자연으로부터 등장한다고 상상하는 그런 종류의 상호 인정 가능한 주체들이 아니라, 오히려 사회들의 "구성"에 선행하며, 독자적이고, 형식화되지 않고, 신화나 "다수파" 모델이나 역사가 없으며, 아직 발명되어야 할 일종의 아직 막연하거나 막 시작된 "다중"多衆, multitude이다. 철학이 경험의 요소를 발견하는 것은 그런 "도래할 민족"에 대한 호소에서, 그런 "미래에 대한, 미래의" — 문을 두드리는 미지의 자에 대한 — 믿음에 대한 호소에서다. 철학을 이 지점으로 밀고 간다는 점에서 들뢰즈의 경험론은 철학의 비밀이 된다.

3장 생각

1.

들뢰즈는 철학들은 독자적인 창조들이라고 생각한 철학자였다. 각 철학자는 다른 철학들이 존재하기에 충분할 만큼 불특정한 **하나의** 철학을 창조한다. 이처럼 철학이라는 관념은 고정된 것이 아니다. 철학을 하기 위한 하나의 방법, 하나의 길이란 없다. 오히려 각 철학은 고유한 **극중 인물상들**dramatis personae을 갖는 서로 구별되는 **겨룸**agon을 발명한다. 각 극중 인물상에서 우리는 들뢰즈가 "생각에 대한 상"이라고 부르게 되는 것을 볼 수 있다.[1] 그 상이 항상 명백한 건 아니지만 말이다. 생각에 대한 상을 정하면서, 때로 한 상에서 다른 상으로 극적으로 옮겨 가면서, 각 철학자는 생각한다는 것이 무슨 뜻인지 다시고쳐 보기도 하고, 혹은 푸코의 말로 하면 "다른 식으로 생각하기" 시

---

1 [옮긴이] 권말의 '옮긴이의 들뢰즈 관련 문헌'에 수록된 '생각에 대한 상' 관련 논문 참고.

작한다. 그러나 철학에서 중요한 것이 "생각에 대한 상들"이라는 아이디어는 물론 들뢰즈 나름의 철학의 가정으로, 전통에서 뽑아낸 것이다. 그것은 철학을 하는 새 방법들, 새 스타일들에 대한 나름의 탐색에서 들뢰즈가 고안해 낸 개념이다. 초기 저술들에서 발견되는 그 아이디어는, 프루스트 연구의 한 장章에서 이름을 따온 것으로, 거기서 들뢰즈는 플라톤에서의 이미지를 독창적으로 다시 생각하자고 제안한다. 훗날 들뢰즈는 그것을 『차이와 반복』의 중심 장의 대상으로 삼았고, 더 뒤에는 아무렇게나 뻗는 리좀과 뿌리에서 가지 치는 나무 사이의 현저한 대조 속에서 그 아이디어를 더 다듬는다. 따라서 『철학이란 무엇인가?』에서 그는 철학에서 개념들의 창조가 왜 항상 그런 상을 가정하는지 논하기에 이른다.

그렇다면 "생각에 대한 상"이란 무엇인가? 그것은 어떤 것의 그림이나 재현이 아니다. 그것은 하나의 세계관Weltanschauung이 아니다. 그것은 자신의 시간과 다른 더 복합된 "반시대적" 관계를 맺고 있다. 그것은 어떤 철학의 맥락들이나 개념들에서 결코 단순히 연역할 수 없다. 대신 그것은 개념들의 창조 그리고 개념들과 장차 도래할 것의 관계에 대한 암묵적 전제다. 그것에 도달하는 방법은 없으며, 그것은 결코 완전히 명시적이지 않다. 오히려 그것은 부분적으로 애매하거나 설명되지 않은 파트너로서, 철학에서의 개념들의 창조와 발맞춰 등장한다. 그것은 특이한 보기 기술art of seeing을 요구한다. 이 기술은 형상 혹은 이데아의 "투명함"과 혼동되지 않으며, 명제 혹은 테제에 대한 "명료해지기"getting clear와도 혼동되지 않는다. 들뢰즈의 생각에, 흄의 "예외적인 명료함"exceptional clarity조차도 관념들이 아니라 관계들에 대한 것이며, 따라서 장차 도래할 것을 가리킨다.[2] 그것은 명제보다 문제에 대한 "직관"에서 작동한다. 그렇기에 그것은 비트겐슈타인이 논증들을 제시하거나 반박하는 것보다 "그림들"을 보여 주기를 선호했을 때, 혹은 "생각하지 말고, 보라!"라고 언명할 때, 그가 마음에 품었던 것과 비슷하다. 왜냐하면 철학에서의 문제들은 다른 새로운 철학들의 각도에서 "보일" 수 있는 그런 것이고, 따라서, 비트겐슈타인처럼, 문제들에서 벗어나는 길이 보일 수 있기 때문이다. 철학의 문제들을 보거나 보여 주는 기술은 생각에 대한 상들의 구성과 함께 간다. 그러나 철학에는 그런 이미지들에 대한 가상들도 있었고 개념들과 그런 이미지들의 관계에 대한 가상도 있었다. 암묵적 가정 대신에 생각에 대한 상이 개념들에서 도출될 수 있는 어떤 것으로 전환되어 왔다. 그것은 모든 것이 도출되어 나오는 "제1 존재"를 보는 문제, 즉 형상들을 보는 문제, 또렷하고 분명한(=명석 판명한 clear and distinct) 관념에 이르는 문제, 혹은 해석적 맥락이나 시대와의 관계를 설명하는 문제가 되어 버렸다. 이런 가상들은 모두 『차이와 반복』에서 들뢰즈가 "생각에 대한 독단적 상"이라고 부르는 것에 속하며, 들뢰즈 철학의 기본 목표는 이 가상들을 흩어 버리고 이 독단주의를 폭로하는 것이다.

꽤 일찍부터 들뢰즈는 철학적 개념들은 창조되거나 "제작되는" 것이지 미리 존재하는 천상에서 발견되는 것이 아니라고 주장했

---

2 "Hume", PI.

다. 이 제작은, 단박에 해결되기는커녕 새 관점들에 따라 부단히 재주조되거나 재정식화되거나 "해소"되는 문제들에 응답하며 이루어진다. 따라서 새 관점들에 따르면, 문제들은 항상 거기에 주어진 해解, solutions 안에 존속한다고 말할 수 있다. 따라서 그런 문제들에 대한 응답 속에서 새 개념들을 창조하는 일은 제1 존재에 대한 관조, 제1 관념에 대한 성찰, 혹은 합리적 토론의 간주관적 역할들의 설립과 구별해야 한다. 오히려 그것은 다른 목표가 있으며, 가정들을 그런 "가상적" 이미지들에 대항하게 만든다. 그러나 철학에서 개념의 창조를 제1 존재나 주어진 방법들 혹은 간주관적 역할들에 제한하는 가상들이 그 자체로 단순한 거짓 명제들인 건 아니다. 가상들을 흩어 버리는 것은 오류를 교정하는 것보다 더한 일이다. 그렇지 않다면, 상을 "설정하는 것"은 결국 명제의 오류를 교정하는 방법으로 획득될 수 있었으리라. 대신 들뢰즈는 이런 가상들을, 주어진 상황에서 개념들을 창조하고 문제들을 "보는" 활동을 수행하기 위해 드리워진 "사고의 신기루" 혹은 "짙은 안개"에 비유한다. 그것들과 싸우기 위해 들뢰즈가 발명한 것이 "생각학"noo-ology[3] 혹은 생각에 대한 상 연구라고 부르는 독창적 실천이다. 가령, 우리가 앞서 보았듯이, 들뢰즈가 보기에 흄은 철학의 이미지들을 오류들과 싸우는 일에서, 사고의 구성적 "관계들"에 의해 야기되거나 인간 본성에 의해 주어지는 "가상들"을 폭로하는 일로 옮겨 놓았다. 따라서 이 아이디어를 받아들여, 칸트는 새로운 종

---

3 [옮긴이] 정신(noos)과 학(logos)의 합성어.

류의 가상을 식별했다. 그것은 "초월론적 가상"으로, 사고의 적법한 한계를 넘어갈 때 생겨난다. 그러나 "초월론과 경험론의 중첩"이라는 난점들은 이 관점 자체에 내재하는, 혹은 이성의 경계에 있는 판사나 파수꾼이라는 철학의 저 이미지와 결부된, 가상을 드러낸다. 따라서 해결책은 새로운 상 안에서 발견된다. 여기서 사고는 아직 그런 경계들 안에 주어지지 않았거나 그런 한계들 바깥에서 오는 것으로 수행하는 실험에 관심을 기울이게 된다. 따라서 이미지로 눈을 돌리면, 들뢰즈가 예전 가상들의 원천 혹은 모태라고 여기는 것에 이른다.『차이와 반복』에서 들뢰즈는 특히 "재현"의 가상들에 관심이 있었다. 넓은 의미에서 제1 존재(혹은 또렷한 관념)와 그 (대상들의) 예증 간의 "모방적" 연계가 있다는 생각은 "오류"의 원천으로, 그 오류의 "우화"에 대한 니체의 언급은 유명하며, 제임스도 그것을 "진실의 모사 이론 copy theory"이라고 조롱했다. 들뢰즈는 여기에 "담론"의 가상(문제들을, 그리고 문제들을 보는 것을, 명제들이나 테제들과 혼동하는 것), "영원한 것"의 가상(개념들이 발견된 것이 아니라 창조되거나 생산되었다는 것을 잊는 것), "보편적인 것"의 가상(제1 존재나 또렷한 관념은, 신선한 관점이 등장할 때마다 항상 설명될 필요가 있는 것인데도, 그것들이 사물을 설명한다고 생각하는 것) 등을 덧붙인다. 그러나『철학이란 무엇인가?』에서 그는 이 모든 가상들을 "초월성"이라는 큰 가상의 변이형으로 보자고 제안한다. 이 가상은 우리가 제1 존재나 제1 관념을 어떤 철학이 전제하는 "내재면" 위로 다시 도입해서, 그 내재면을 주관적이든 객관적이든 앞선 어떤 것에 속하는 내재성으로 만들 때 생겨난다.[4] 이 모든 변이형 속에 있는 초월성의 가상을 흩어 버릴 때만, 철학은 진정으로 실험적인 것이 되고 "급진적 경험론"에 이를 수 있으며, 오직 그때만 철학은 "생각에 대한 독단적 상"에서 해방된다.

따라서 "생각에 대한 상들"에 대한 연구인 생각학은 꽤 정밀한 기술subtle art임이 밝혀진다. 생각학은 모든 철학을 위한 **유일한**the "내재면"을 단박에 밝혀내려 하지 않는다. 오히려 그것은 각 철학 내에서 생각에 대한 특이한 상을 식별하려 할 뿐 아니라, 각 철학을 둘러싸고 있는 초월성의 안개를 치워 없애려 하며, 각 철학의 "창조"에서 독창성의 계기를 다시 세우려 한다. 따라서 가령 플라톤은 사실상, ("관조"라는 가상이 우리에게 믿게 하듯) "형상"⁵을 더 높은 영역에서 발견하거나 미리 존재하는 것에서부터 기억해 냈기보다 오히려 "형상" 개념을 **창조**했다고 여겨진다. 한편 그런 독자적인 창조는, 독창적인 문제를 둘러싸고 도시국가에서 벌어진 새로운 종류의 **겨룸**에 참여하기 위해 **친구**들이 한데 모인다는 식의 생각에 대한 상을 전제한다. 그 독창적인 문제란 어떻게 모든 것이 순수한 모델에서 파생하는가, 즉 선행하는 불변하는 혹은 온전한 원본의 "모방"이라는 문제였다. 따라서 이 문제 혹은 이 **겨룸**이 그것이 감추고 있는 "관조라는 가상"에 앞선다는 점은 수많은 방식으로 밝혀질 수 있다. 그것은 플라톤의 '대화편'들을 관류하는 일종의 아포리아의 선에 의해 누설된다. 『테아이테토스』에서 사이비pseudos의 문제, 『파이드로스』와 『향연』에

---

4 QP, pp. 50~51.
5 [옮긴이] 플라톤 철학에서 형상(形相)은 '이데아'를 가리킨다.

서 **사랑**philia의 문제, 『티마이오스』에서 **코라**chora⁶의 문제 따위가 그 것이다.⁷ 이 선을 따라 우리는 새로운 문제가, 가령 순수 형상이나 그 것이 전제하는 질료 형상 도식에 참여할 수 없는 "허상"simulacra의 문제가 다른 문제들에 의해 전개되거나 "보인다"는 것을 알아채기 시작한다. 그래서 우리는 루크레티우스의 원자들의 이탈⁸, 혹은 사물들 속에서의 "복합"과 관련하여 플로티노스Plotinos에서 이미 제기된 "참여 불가능한 것" 혹은 "모방 불가능한 것"의 문제를 찾아낸다(이는 프루스트 혹은 라이프니츠를 예견한다). 생각에 대한 새로운 상들과 가상들이 생겨난다. 그런 가상들을 쫓아내면서, 생각학은 각 경우에 관조, 반성, 소통의 보편성이라고 칭하는 것이 사실 특정한 문제 주변에서 자라나고 특정한 **겨룸**에 상응하는 생각에 대한 상에서 나온 것일 뿐임을 보여 주려 한다. 따라서 우리는 들뢰즈 자신의 철학에 있어 고유한 문제에 이른다. 들뢰즈는 그것을 『차이와 반복』에서 다음과 같은 방식으로 정식화한다. 그렇다면 "독단적이지 않게", 즉 어떤 초월성의 가상도 숨기지 않는 이미지에서 철학을 **시작한다**는 것은 무슨 뜻일까? 어떤 "**원체험**"도 없이, 그걸 필요로 하지 않으면서, 생각한다는 것은 무슨 뜻일까?⁹

---

6 [옮긴이] 코라(chora)는 '어떤 것이 그 안에 있는 공간' 즉 '터'를 뜻하는 그리스어로, 특히 플라톤의 『티마이오스』, 52a에서는 "아무것도 없이 무한히 펼쳐져 있는 허공이 아니라 마치 어머니의 자궁이 태아의 발생을 허용하는 터를 제공하는 것처럼 그 안에서 생성 소멸하는 것들이 나타나는 기반"의 뜻으로 사용되고 있다.

7 CC, pp. 170~171.

8 [옮긴이] swerves 즉 클리나멘(clinamen)을 지칭한다. 원자론자들에서 세계의 변화를 설명하기 위해 우연의 여지를 도입하면서 내세운 가정이다.

들뢰즈의 대답에는, 선행성 혹은 무엇을 놓을까, 라는 문제가 있다. 들뢰즈가 생각하기에, 철학은 고정된 방법을 발견하거나 진실을 찾으려 하기 **전에**, 비록 논리적으로 규정된 건 아닐지라도, 철학에 실천적 가정들을 공급하거나 철학의 전달 양태들을 규정하도록 돕는 상에 의해 항상 (칸트의 용어를 쓰면) "정향定向되어" 있다. 실제 바로 이런 이유로 철학은 항상 성격극을 통해서건 "개념 인물상"의 발명을 통해서건 자기 문제에 대한 직관을 실행한다. 가령 데카르트는 새 물리학에서 스콜라 철학과 맞지 않는 것이 무엇인지에 대한 직관이 있었다. 그것을 실행하기 위해 데카르트는 예수회가 설립한 성찰Meditation 형식에서 부분적으로 빌려 와 철학의 새 드라마를 발명했다. 데카르트의 **겨룸**에는 '백치'라는 새 개념 인물상이 등장한다. 이 백치는 학술어인 라틴어보다 누구라도 이해할 수 있는 프랑스어 같은 이성적 언어를 선호하는 인물이다. 들뢰즈는 이 인물(비록 니콜라우스 쿠자누스Nicolaus Cusanus에 의해 예견되었다 할지라도)이 독창적 형상임을 알아낸다. 백치라는 인물은 '인간은 이성적 동물'이라는 스콜라의 정의에서 출발해서 철학에서 학식 없고 교육받지 않은 어떤 것, 즉 옳은 "방법"을 사용하면 누구라도 "자연의 빛"을 통해 발견할 수 있는 어떤 것을 극화劇化하는 데 이바지하기 때문이다.[10] 그러나 이 새 인물상과 그 빛lumière은 동시에 코기토, 즉 "나는 생각한다"를 철학의 최초 혹은 전제 없는 출발점으로 만들려는 데카르트의 시도 안

---

9 DR, pp. 169 이하와 pp. 216~218 말미의 물음.
10 QP, 예 IV, pp. 60~61.

에 있는 암묵적인 가정을 드러낸다. 세상에서 가장 공평하게 분배되어 있다고 데카르트가 선언하는 "통념"이라는 가정 말이다. 그렇게 해서 이번엔 새 인물상이 등장해 통념이라는 생각학적 기본전제 없이 해낼 수 있게 되고, 그리하여 러시아 문학에서 백치 혹은 학식 없는 사고자로 불리는 인물의 조건에 근접한다. 철학에서 우리는 데카르트의 백치보다 러시아의 백치를 보는 데서 출발한다. 이제 그는 배움을 시작할 때 누구나 자연의 빛에 의해 알 수 있게 될 것을 발견하는 것일 뿐이라고 가정할 필요가 없다. 대신 그는 프랑스어 같은 "자연어"에서도 개념적으로 낯선 어떤 것을 찾기 시작한다. 들뢰즈가 제시하는 한 예는, 폴란드어로 글쓰거나 철학적인 독일적 "춤"을 만들려는 니체의 꿈이다. 이런 백치들과 더불어, 철학의 화행론적 전제들은 "사"私와 "공"公의 새로운 관계를 드러내면서 바뀐다. 한 예로 (들뢰즈가 언급한 건 아니지만) 늘 자신의 공적인 교수직과 분석철학의 새 "스콜라주의"의 등장에 안절부절못했던 비트겐슈타인을 들 수 있다. 그는 "철학자란 어떤 관념의 동아리에 속한 시민이 아니다. 이로 인해 그는 철학자가 된다"라고 했다.[11] 실제로 비트겐슈타인은 두 단계 모

---

11 Ray Monk, *Ludwig Wittgenstein: The Duty of Genius*(Penguin, 1990)에 인용됨. 비트겐슈타인의 두 번째 철학에서의 개념 인물상이 빠져들게 되는 무수한 "탐구들"에 대해, 우리는 아마 비트겐슈타인이 그의 『심리학에 대한 견해』(*Remarks on Psychology*)를 위해 따온 셰익스피어의 모토, 즉 "너에게 그 차이들을 보여 주겠다"를 취해야 할 것이다. 그럼으로써 우리는 철학을 새로운 문제들(그것이 규칙을 따라야 한다는 것)과 새로운 개념들의 창조("문법", "삶의 형식"), 그리고 새로운 경쟁자들(논리주의, 행동주의)의 주변으로 재정향하는 생각에 대한 상을 표현하는 인물상으로 "차이들의 백치"에 관해 말할 수 있을 것이다. 그렇게 해서 기이한 삶의 스타일을 통해서나, 지금은 많은 일화에서 자세히 말해지는 특이한 "실존적 특징들"을 통해 드러나는 것은 바로 정확히 이 인물상이다. 비트겐슈타인이 "그 차이들을 보여 주기"

두에서 들뢰즈가 "생각에 대한 상"이라 부른 것에 관심을 가진 진정한 철학자였다. 마치 러시아 백치가, 비록 여전히 "가짜 문제들"이 해소되거나 결국 "가짜 문제들"을 정화해 낼 "일상 언어"를 꿈꾸고 있지만, 언어에 의해 야기된 끝없는 "가짜 문제들"에 신물이 나게 된 듯하다. 실제로 들뢰즈는 『차이와 반복』에서, 철학에서 "전제 없이 시작"하는 유일한 길은 일종의 러시아 백치가 되어, 통념의 가정을 버리고, 자신의 "해석 나침반"을 내던지고, 대신 자신의 "백치스러움"idiocy을 바꿔 "다른 방식으로" 생각하는 스타일의 "특이함"idiosyncrasies을 만들려고 하는 것이라고 말한다.

러시아 백치가 보여 주는 것은, 철학적 사고는 학습되지 않는다는 것, 나아가 철학이 창조될 때 자유로운 순간은 모두가 동의할 때 혹은 규칙을 따를 때가 아니라 반대로 규칙과 놀이하는 자가 미리 주어지지 않고 새 개념들이 창조되고 새 문제들이 제기되며 등장할 때다. 다시 말해, 이런 백치들을 통해 고정된 방법들 혹은 선행하는 형식들에서 나왔다고 말할 수 없는, 그 대신 자신의 특이한 문제들을 실행하는 데 만족하는 철학을 통해 "화행론적으로 가정"된 것을 극화할 수 있게 된다. 이 극화는 처음에는 직관에 의해 주어지고 그러고는 많

위해 다른 말들로 언어를 무자비하게 증가시키는 끝나지 않는 "논평들"과 "탐구들"은 외국이나 외국어에서 수행되는 본래의 개념적 **훈련**(paideia)을 의미할 뿐만 아니라, 그에게 있어서는 바로 글자 그대로 살아 있는 듯이 보이기에 이르는 일종의 "치료"기도 하다("나의 철학은 둘로 나누어져 있다. 써진 부분과 써지지 않은 부분"). 몽크의 세련된 전기가 가진 대단한 장점은 다른 주변적인 방법보다는 오히려 이런 독창적인 "개념 인물상"의 발명이라는 점에서 철학자의 삶을 본다는 것이다.

은 복합된 방식으로 다른 개념들과 엮이게 되는 개념들을 창조함으로써 실행되며, 들뢰즈가 인용하기를 좋아한 라이프니츠의 격언, 즉 "항구에 닿았다고 생각했지만 실은 여전히 바다 한가운데 있다는 것을 알게 되었다"라는 격언이 암시하는 방식으로 이루어진다.

2.

따라서 들뢰즈의 "생각학"의 목표는 철학하는 새로운 "비독단적" 방식을 지목하는 것이었다. 이 목표가 실행되는 세 개의 기본 방식을 구별할 수 있다.

　　1. 첫째, 생각학은 들뢰즈한테서 철학사를 대신한다. 교과서 판본의 철학사뿐 아니라 헤겔이나 하이데거에서 보이는 더 "철학적인" 판본들, 즉 정신 혹은 존재의 역사도 포함해서 말이다. 따라서 들뢰즈의 "생각에 대한 상"은 정신의 **형태**Gestalt나 "영역"sphere뿐 아니라 "존재에 대한 선이해"와도 혼동되지 않는다. 헤겔과 하이데거가 생각에 대한 상에 도입하려 한 역사주의를 논박하면서, 들뢰즈는 철학들의 연쇄에는 그 어떤 거대한 플롯도, "내적 서사"도 없다고 단언한다.[12] 그것은 영화의 몽타주에서 서로 다른 많은 층을 병치하거나 포개는 문제와 더 비슷하다. 왜냐하면 서사 대신에, 서사 전에, 철학들은 일종의 "지층학적 시간"을 갖기 때문이다. 따라서 철학은 사실상 시대

---

12 QP, pp. 90~91.

별로 나누어지지도, 변증법적이든 해석학적이든 원을 그리며 돌지도 않는다. 철학은 '서구의 운명' 혹은 '보편적 역사'로서 우리에게 닥치지도 않는다. 또한 철학은 한 편이 논증을 더 잘해서 다른 편을 이기는 긴 논쟁도 아니며, 새 아이디어가 동의로 전환되는 긴 "대화"도 아니다. 지금 새롭고 독특한 것이 나중에 승인된 것이 되는 식으로 진행하지 않는다. 오히려 어떤 의미에서는 철학에서 새로운 것은 늘 새롭게 남는다. 실로 정확히 말해, 철학은 과거 철학자들을 연구해서 그들에게 무엇이 여전히 새로운지를 보여 주는 "훈련"paideia에 속한다. 그래서 들뢰즈의 연구들에서, 각 철학자는 지층들 사이에서 혹은 지층들을 가로질러 새 연결들을 드러내는 과정에서, 일종의 "동시대인"으로서 신선한 모습으로 등장한다(스피노자가 니체와 루크레티우스의 손을 잡는다). 들뢰즈의 연구들을 한데 연결하는 동시대적 계기는 "반시대적" 계기로, 여기서는 말하자면 기존 지층들이 새 단층선이나 가능성을 열며 이동하기 시작하며, 그것을 통해 낡은 개념 인물상들은 변이하고, 푸코가 들뢰즈의 "철학 극장"이라고 부른 것에서 그러하듯 새 분장을 하고 다시 나타난다.[13]

그래서 들뢰즈는 생각학을 통해 철학과 철학함의 "시간"을 시대라는 관념 전체에서 해방하려 했고, 그리하여 동의에 이르게 될 긴 대화 같은 보다 자기 만족적인 상에서, 그리고 '정신'Spirit의 자기실현 혹은 서구의 "운명" 같은 거창한 상에서도 해방하려 했으며, 나아

---

13 "Theatrum Philosophicum", *Michel Foucault, Essential Works*, vol. 2, pp. 343 이하.

가 다른 종류의 상을 찾고자 했다. 들뢰즈는 우리의 "시간"이 처음엔 헤겔이 다음엔 하이데거가 자세히 말했던 큰 이야기들을 더는 말할 수 없는, 혹은 큰 이야기들을 생각 행위 본래의 것으로 만들 수 없는 때라는 것을, "우리의" 문제는 다른 데 있다는 것을, 즉 "유럽" 자신이 다른 무언가가 되고 있으며, 그리하여 다른 지역들과 맺고 있는, 즉 19세기의 미국과 러시아와, 그리고 레비나스가 유대주의에서 찾으려 했던 것 같은 많은 "비서구적" 사고 형식들과 맺고 있는, 새로운 관계들을 드러내는 과정에 있다는 것을 감지하고 있었다.[14] 실로 이렇게 말할 수도 있다. 지금 우리가 철학은 아무런 고유한 역사적 "고향"이나 "땅"이나 "문명"도 갖고 있지 않다고, 혹은 가진 적이 없었다고 볼 수 있다는 것, 따라서 우리가 철학의 지리들과 경계들을 서로 다른 때와 장소에서 계속 발생하며 많은 상황과 우발적 사태를 통해 해방되는 기이한 잠재력의 관점에서 다시 생각할 수 있다는 것이, 바로 들

---

14 미국과 러시아에 대해서는 「바틀비」("Bartleby", CC, pp. 113~224)와 QP, pp. 94~95를 보라. 거기에서 미국의 프래그머티즘과 러시아의 사회주의는 "그리스의 꿈"을 되살리고 "민주적 위엄"을 재건하려 한 시도로서 결국은 어긋나고 실망스러웠다고 제시된다. 근대 자본주의에서 "형제들의 사회"라는 관념은 "친구들의 사회"라는 그리스적 이미지를 대체하게 된다. 이런 선들을 따라가며, 들뢰즈는 소비에트 스타일 사회주의와 프래그머티즘은 각각, 혁명의 꿈을 지닌 땅 없는 "프롤레타리아" 같은, 근대 도시의 특성 없는 자들에게 서로 다른 종류의 "재영토화"를, 말하자면, 돌아오는 율리시스를 위한 두 장소를 제공하고 있다고 본다(세계의 이민자들 혹은 세계의 노동자들이여 단결하라!). 오늘날 우리의 문제는 어떤 형식의 "형제애"나 "연대"도 더는 믿을 수 없다는 점이다. 그래서 우리는 전쟁과 파시즘 후에, 그리고 세계 자본주의의 새로운 이전과 관련해서, 이제 "친구"(그리고 "적")의 새로운 형상을 발명할 필요가 있다. "비서구 문화들"과 만나며, "헤겔과 하이데거의 판에 박은 형식에서 해방된" 철학적 물음들을 제기하려고 시도하면서, 들뢰즈는 유대 사상을 다룬 레비나스뿐 아니라 이슬람, 힌두, 중국, 일본의 전통을 저술한 일련의 저자들도 언급하고 있다. QP, p. 88, 각주 5.

뢰즈의 직관이라고 말이다. 이처럼 들뢰즈는 자신의 "지리 철학"에서 철학이 아테네에서 플라톤과 더불어서가 아니라 다른 곳에서 출발했었을지도 **모른**다고 말한다. 왜냐하면 철학은 기원들 대신 "환경"milieu 혹은 "분위기"만을 갖고 있으며, 그런 분위기는 아테네의 "식민지형 민주주의"가 제공한 것과 같은 특정 조건에 의해 형성되었고, 아테네는 여행하는 이방인들을 광장agora으로 불러들여 소크라테스와 만날 수 있게 했기 때문이다.[15] 따라서 철학을 발명하는 데 필요했던 의견, 우정, 그리고 "내재성"의 감각을 동시에 모두 허용하는 그런 조건은 다시 유럽에서 근대 자본주의의 발흥을 통해 재통합된다. 가령 **우정**이라는 이미지가 "형제애"라는 기독교 주제에서 떠오른다. 따라서 그런 상황이나 조건에서 발명된 철학들은 그 자체로 아무 데도 아닌 곳 nowhere과 아무도 아닌 자no-one의 특성이다. 철학이 (철학의 다양한 "가상들"에 의해 시사된 그런 종류의) 어떤 영원한 혹은 그에 수반하는 '정신의 공화국'에 호소하기 때문이 아니다. 오히려 더 기본적 차원에서, 철학은 전제조건 없이, 가령 철학이 창조하는 "우리", 혹은 철학이 자극하는 "대중", 혹은 철학이 새로운 각도에서 다시 시작할 수 있는 새로운 환경 등에 대한 전제조건 없이 항상 새롭게 설정 혹은 설립(즉*instaurer*)되어야 하기 때문이다.

철학과 철학적 지리학들의 이 "땅 없다는"unlanded 의미의 관점에서, 혹은 "에러헌"erewhon에 대한 자기 나름의 아이디어, 즉 "now

---

15 QP, pp. 83~84.

here"(지금 여기)인 "nowhere"(아무 데도 아닌 곳)의 관점에서, 들뢰즈
는 지난 세기의 생각에 대한 상들에 담긴 다양한 "민족지상주의"와
"유토피아주의"를 계속해서 분석한다.[16] 다시 말해, 항상 들뢰즈의 상
에는, 철학의 발명에 있어 어떤 주어진 민족의 "상상된 공동체"나 유
토피아적 조건에 의해 가려지거나 보상될 수 없고, 그래서 다른 새
로운 "영토들"의 발명을 요구하는, "절대적 탈영토화"의 계기가 있
다. 철학적 지리학의 이 "탈영토화" 혹은 "땅 없음"의 관점을 갖고서,
들뢰즈의 생각학의 두 번째 원리가 나온다. 즉, 철학에 "진실의 제국
imperium"은 없으며, 철학적으로 생각하기 위해 그것을 요구할 필요
도 없다. 반대로 우리는 이상 국가, 초월적 법, 사전 계약, 본래의 인간
성 등 가상적 상들에서 철학적 친구들의 **겨룸**을 추출할 필요가 있으
며, 오히려 파문당한 개종자Marrano 스피노자와 함께, 도시는 자유로
운 사고의 운동을 허용하고 그런 철학적 운동이 창조하고 불러 모으
는 "민족들"을 허용하는 그만큼 자유롭고 생기 있으며, 더 다양할수
록 더 좋다고 말할 필요가 있다.

 2. 그런 운동은 항상 어떤 "바깥"이 있다. 우리가 이미 본 것처럼,
들뢰즈는 나중에 "도시의 새로운 문서보관 담당자"로서 푸코가 그렇
게 했듯이 사르트르가 소르본 대학의 바깥을 창조한 방식을 경탄했

---

16 QP, pp. 95~96. 그러나 "유토피아는 좋은 개념이 아니며", 우리는 사고와 현재의 연결을 실
 험 지점까지 밀고 가야 한다. 물론 역사는 그 실험의 "부정적인 조건들"만을 제공하겠지만
 (p. 106).

다. 이 점에서 사르트르나 푸코는 단순히 "공적인 교수"가 아닌 "사적인 사고자"가 되었다. 이 경우 "사적"이란 "내면화된"이나 "주관적인"을 뜻하지 않는다. 반대로 그것은 대학과 **법치국가**Rechtsstaat를 한데 묶는 칸트 전통 안에 모셔져 있는 가정들과는 다른 종류의 화행론적 가정들을 철학에 공급하는 "바깥"에 의해 정의된다.[17] 더 일반적으로는, 들뢰즈의 생각학에는, 철학에서의 **친구들**이라는 상을 상위의 법 혹은 반대 혹은 국가에 따라 우리 자신을 식별하거나 서로를 인정할 필요에서 해방하려는 시도, "개념의 친구들"이라는 상을 이상적 혹은 초월적인 종류의 식별에서 해방하고, 그 대신 주어져 있지 않은 이 "우리" 혹은 우리를 "우리 자신에게 낯설게" 만드는 이 "우리"를 이용해 그 상을 철학에서의 "실험"의 일부로 만들려는 시도가 있다. 철학이 자신의 관념들을 극화하는 데 활용하는 "인물상" 각각은 철학의 방향 잡히는 방식과 철학이 관여하는 투쟁의 종류를 시사한다.

플라톤은 소크라테스라는 인물상 및 소피스트들과의 **겨룸**을 발명했다. 한편 칸트는 이성의 경계를 감시하는 '판사'를 상상해 냈다. 라이프니츠는 자신을 내버린 듯 보이는 세상에서 신의 피고 측 변호인으로 자신을 캐스팅해서, 매번 새로운 원리들을 제시한다. 반면 스피노자는 그런 신조차 포기하면서 그 대신 '결백'의 인물상, 즉 "누구도 거스를 수 없는 일종의 아이-놀이꾼"을 창조한다.[18] 각 경우에 철학의 경연 혹은 "게임"이 치러지고 적수가 규정되는 서로 다른 방식

---

17 칸트 뒤의 철학에서 대학과 국가 사이의 연계에 대해서는, MP, pp. 456 이하 참조.
18 QP, p. 70.

이 있다. 들뢰즈의 생각학에서 그런 이미지들은 철학들이 추구했던 진실의 종류나 철학들이 천착한 방식보다 앞서며, 그래서 "철학에서 진실과의 관계는 안정적이지도 항구적이지도 않으며, 따라서 진실은 철학을 규정하는 데 사용할 수 없다."[19] 소크라테스는 사악한 사람은 자신을 기만한다고 말했다. 하지만 그런 "자기-기만"이란 정확히 무엇일까? 그것은 가령 사르트르의 "자기기만"mauvaise foi이나 루카치의 "허위의식"Falsches Bewußtsein과 같은 것일까? 아니면 오히려 그것은 소비에트 블록의 "반체제" 철학들이 맞섰던 "전체주의적 거짓말"에 더 가까운 것일까? 필경 그 어느 것도 아니다. 왜냐하면 중요한 것은 단 하나의 변치 않는 "진실과의 관계"가 아니라, 오히려 그 관계가 방향 잡히고 그 관계의 특별한 친구들, 적들, 경쟁자들이 규정되는 서로 다른 방식이기 때문이다. 철학에는 많은 종류의 진실이 있어 왔고 진실을 말하는 많은 방식이 있어 왔다. 그것들 아래에 깔린 생각에 대한 상들을 분석하면서, 들뢰즈는 어떻게 철학들과 철학자들이 계몽하기, 해방하기, 가르치기, 운반하기, 변형하기, 문명화하기, 국가 수호하기, 국가에 도전하기 등 서로 다른 것을 하도록 요청받아 왔는지 보여 주려 한다. 따라서 어떤 의미에서는 생각에 대한 상과 전투하기 위해 요청되는 생각에 대한 상이 철학에서의 "논증"에 앞서며, 그래서 그런 상들을 통해 받아들이는 방향 설정과 관련해서 논증 스타일을 분석하기도 한다고 말할 수도 있다. 그래서 데카르트는 플라톤, 흄,

---

19 QP, p. 54.

비트겐슈타인, 칸트와 다른 방식으로, 말하자면 "대화", "연구", "탐구", "비판"보다 "성찰"을 통해 "논증"하며, 또한 분석 철학의 경향과도 다르게 "논증"하는데, 분석 철학은 사건 개요를 준비하고, 청구를 제출하고 그 정당성을 증명하고, 판례들을 찾아, 주장을 펼치는 소송 변호사의 이미지에 부합하게 논증한다.

　　그러나 철학에서 "진실과의 관계"보다 상들이 앞선다는 점은 상대주의가 아니다. 반대로 그것은 들뢰즈가 생각에서 "독단적 상"을 제거할 때 쓰는 "선별" 과정의 일부를 형성한다. 『차이와 반복』에서 생각에 대한 상들 사이의 선별은 다음과 같이 이루어진다. 먼저 특정한 상은 그것의 "부정" 혹은 그것이 맞서는 것(가령 오류, 미신, 이데올로기 등)과 관련해서 이해된다. 다음으로 상은 그것이 교정해야 할 오류나 극복해야 할 이데올로기가 아니라 오히려 폭로되고 공격받아야 할 어리석음(즉 *bêtise*)을 자신의 부정으로 삼을 정도로 데카르트의 통념을 향한 (또는 '데카르트의 백치'Cartesian Idiot에 의한) 호소에서 보이는 그런 종류의 독단적 전제들로부터 해방된다. 다시 말해 진정 전제 없는 철학은, 그것의 **겨룸**이 관념적 혹은 명제적 오류(『방법서설』에서처럼)에서 나오거나 그에 맞서는 철학이 아니라, 오히려 그에 앞서며 더 고치기 힘든 어리석음을 상대하는 철학이다. 19세기에 플로베르는 그런 어리석음을 문학의 주된 공격 대상이자 문학의 출처라고 제안했으며, 그리하여 오류와 허구라는 더 고전적인 문제들을 밀어냈다. 들뢰즈는 철학에서 니체가 그와 유사한 과업을 정의했고, 나중에 푸코가 이를 이어 갔다는 것을 발견했다. 즉, 어리석음을 처치하라(즉 *nuire à la bêtise*).[20] 철학적 **겨룸**이 수행되는 요소를 가리키기 위한 용어로서 "어리석음"은 "비합리성"이 아니다. 비록 그것이 어떤 "광기"를 대가로 행해지며, 비인간적이거나 참을 수 없는 무언가와 관련된 사고자를 포함한다 할지라도 말이다. 오히려 그것이 함축하는 바에 따르면, 철학은 자연적으로 주어진 알려는 욕망에서, "자연의 빛"(전통적으로 가정되었던)에 맞추어 시작하지 않고, 오히려 보고 생각하는 습관적 방식에 맞지 않는, 생각을 "뒤흔들고", 생각해야 할 새로운 무언가를 내놓는 무언가와의 만남과 함께 시작한다. 만일 생각하기에 관해 **어리석은**_{bête}(어리석은 동시에 짐승 같은) 무언가가 있다면, 이는 생각하기가 앎에 대한 빛나는 "선의지"_{善意志}에 의존할 수 없기 때문이며, 오히려 선행하는 학습, 방법, 혹은 지식이 없는 무언가의 충격과 더불어, 그래서 그런 충격의 직관이 우리에게 유발하는 습관적 사고방식에 대한 "나쁜 의지"나 "저항"과 더불어 작업해야 하기 때문이다. 왜냐하면 그런 "문제화" 덕분에 상위의 지식이나 제일 지식, 혹은 누구든 알고 동의하게 될 무언가에 대한 보장이 반드시 있지 않더라도 철학자(와 그의 친구들)를 **의견** "바깥"으로 밀쳐낼 수 있고, 그래서 "문제화"의 관점에서 생각한다는 것은 많은 위협 혹은 위험이 따르는 그토록 "위험천만한 행위"가 되기 때문이다. 따라서 어리석음을 공격하는 것은 오류를 교정하고, 미신을 내쫓고, 이데올로기를 비판하는 것과 같지 않다. 정확히 말해 그것은 "탈신비화"가 아니며, 고차의 과학을 가정하지 않는다. 오히려 목표는 새로운 힘들을

---

20 PP, p. 206.

보이게 하고, 그 힘들이 제기하는 문제들을 정식화하고, 그 힘들을 둘러싼 일종의 실험적 사고 활동을 고무하는 것이다. 왜냐하면 푸코가 말했듯, 어리석음의 반대는 지성이 아니라 오히려 생각 또는 철학 자체기 때문이다.[21] 그래서 들뢰즈는 자신의 생각학에서 철학에서 "진실과의 관계들"의 다양한 의미 이상을 제시한다. 동시에 사고의 "부정"으로서의 어리석음이라는 자신의 상으로, 들뢰즈는 철학을 실행할 때 어떤 초월성이나 **원체험**을 신뢰하지 않고 오히려 생각이 발원하고 생각이 효력을 미치는 세계를 신뢰한다는 것이 무슨 뜻인지 시사한다.

3. 이처럼 철학에서 역사나 서사보다 그리고 철학이 설정한 여러 종류의 "진실과의 관계"보다 "생각에 대한 상"이 앞선다는 점은, 이번엔 철학이 다른 분과들, 특히 과학 및 예술과 맺고 있다고 생각되는 관계들의 종류를 바꾼다. 가령 "재현"이나 "철학 내부의 서사"라는 가상을 내쫓는 것은, 전통적으로 예술과 과학이 착상된 방식이나 예술과 과학의 철학적 자기 이해에 영향을 끼친다. 다시 말해 "생각에 대한 상"이라는 들뢰즈의 착상은 철학에서 새로운 "과학의 상"이나 새로운 "예술의 상"에 이른다. 따라서 생각학의 세 번째 목표는 철학이 이 다른 분과들과 맺는 여러 종류의 관계들을 밝히는 것이다.

들뢰즈의 생각에 따르면, 우리가 벗어날 필요가 있는 두 개의 그

---

21 "Theatrum Philosophicum", pp. 361~362.

림이 있다. 첫째는 수반supervenience이라는 상이다. 그것은 과학에서 "이론을 평가"하는 방법이나 예술을 위한 "판단 이론"을 정하기 위해 어떤 시도를 할 때처럼, 다른 분과들을 위한 규칙들을 만들거나 유지하는 메타분과라는 철학의 상이다. 들뢰즈는 예술가와 과학자가 자기 영역에서 평가나 판단을 위해 철학자가 필요하지 않을뿐더러 과학적 방법과 판단 형식들 자체도 미리 예견될 수 없는 방식으로 진화한다고 생각한다. 따라서 예술 혹은 과학과 철학의 관계는 다른 방향에서 추구되어야 한다. 들뢰즈는 가령 화이트헤드의 우주론이 예시했던 종류의 "자연 철학" 전통이 아마도 카오스나 복잡성에 대한 새로운 사변과 관련해서 지속되지 말아야 할 이유가 없다고 본다. 이 점에서 들뢰즈는, 가령 라이프니츠의 수학적 모델이나 스토아학파의 자연학에 대한 세르Michel Serres의 연구나 예술에서 열역학적 관념들을 "번역"해 내려는 세르의 시도에 경탄한다. 또한 들뢰즈는 어떻게 우리와 우리 세계가 시간과 공간에서 규정되는가와 같은 철학적 문제가 영화 같은 매체에서 탐사되거나 추출되지 말아야 할 이유가 없다고 본다. 그렇지만 그런 "공진들과 간섭들"로 일종의 동일시 혹은 모방이라는 두 번째 그림을 쫓아내는 것이 중요하다. 우리는 이 그림을 근대 철학의 "실증주의" 형식과 "미학주의" 형식 모두에서 발견한다. 철학을 "자연화"하려는 콰인의 시도는 전자의 예고, 철학을 "문학 이론"으로 "텍스트화"하려는 문학 교수들의 시도들은 후자의 예일 것이다. 들뢰즈가 "반反철학" 혹은 "탈철학" 논의에 그토록 싫증 낸 한 가지 이유는, 그런 관점들과 반대로 그는 철학은 항상 "철학이 다른 분과들과 외적 관계 — 더더욱 필수적인 — 에 돌입하게 해 주는 철학의 고유한 원료들"을 갖고 있다고 여겼기 때문이다.[22] 주어진 문제가 철학적인지 예술적인지 과학적인지 아직 밝혀 말할 수 없는 지대가 존재하긴 하겠지만, 들뢰즈는 철학이 예술이나 과학과는 다른 종류의 문제들을 다루며, 그것들은 최초 정식화보다 오래 살아남거나 처음 주어진 해解들 속에서 지속된다고 생각했다. 그런 문제들과 "문제화"는 우리가 과학적 확신으로 알 수 없는 곳에서 생각하라고 요구하지만, 그것들은 비합리적, 비논리적, 혹은 비과학적인 것이 아니다. 오히려 그것들은 나름의 결속성을 갖고 있으며, 과학의 성장이 항상 동반하는 미지의 요소와, 그리고 재인지 가능한 것들 및 그와 연관된 정신적 습관들에서 예술이 계속 뽑아내는 여러 종류의 "감각들"과 가장 잘 연결되어 있다. 철학 쪽에서 어떤 **원체험**이나 고등 지식이라는 주장을 포기하고, 대신에 철학의 독특한 문제들, 그것들을 일으키는 사건들, 그것들을 형성하는 직관들, 그것들이 예전 사고방식에 미치는 효과들로 돌아가, 사람들의 삶 속에서 "어리석음을 공격할" 때 더더욱 필요해지는 여러 종류의 "외적 관계들"이 바로 그런 것들이기 때문이다.

이 선들을 따라, 들뢰즈의 생각학적 탐구들은 그를 비독단적 혹은 전제 없는 방식으로 실제로 철학을 행한다는 "실천적" 문제로 나아가게 한다. 그것은 "자기 자신의 권리로 생각하기"의 문제가 된다. 들뢰즈는 이것이 무엇보다 니체를 읽으며 떠오른 영감이라고 말한

---

22 PP, p. 122.

다. 따라서 이 영감을 따르는 것, 이런 상 아래에서 철학을 하는 것은 들뢰즈를 논리, 삶, 예술의 위대한 문제들로 데려간다.

4장 다양체

1.

들뢰즈에게 "논리"는 새로운 의미를 획득한다. 그가 밝히려는 "생각에 대한 상"에 맞는 새로운 것들, 즉 "다양체"의 논리, 의미의 논리를 행하라는 요청이 있다. "논리"가 진실의 명제 논리 계산sentential calculus을 뜻한다고 보는 이들에게 들뢰즈의 생각은 역설적이거나 무의미하게 보이는 게 당연하다. 과학을 위한 추론 방법을 원하는 이들은 그것이 논리라고 전혀 인정하지 않는 게 당연하다. 추론의 오류들을 교정하려면 계산이나 방법이 있으면 유용할 것이다. 그러나 사고에서 재인지와 재현의 가상에서 벗어나 다른 식으로 생각할 수 있으려면 다른 종류의 논리가 필요하다. 실로 우리는, 전제라고 여겨지는 다른 명제들에서 명제들을 도출하면 사고 안의 문제들은 일거에 풀릴 수 있는 그런 종류의 문제들로 환원된다는 가상을 내쫓아야 한다. 이것이 들뢰즈가 "담론의 가상"이라고 부르는 것의 변종이다. 들뢰즈가 생각하기에, 참인 문제 혹은 가짜 문제가 무엇인지를 규정하는 선행 물음이 항상 있다. 즉, "참과 거짓이 문제에 답하는 명제들이 아니라 문제를 특징지을 때, 의미의 범주가 진실의 범주를 대신한다."[1] 경험론에 영감을 받은 들뢰즈의 논리는 "술어와 진실의 논리"라기보다 "의미와 사건의 논리"다.[2] 그렇다면 이것은 어떤 종류의 논리일까? 그것은 칸트의 "초월론적" 논리나 헤겔의 "변증법적" 논리와 같지 않다. 대신에 들뢰즈는 칸트에서 '이념'Ideas의 역할에 끌렸고, 차이의 의미와 논리는 "변증법적일 수 없다"고 강조한다. 그것은 철학 자체에 대한 다른 관점을 전제한다. 어디선가 들뢰즈는 선언했다. "나는 철학을 다양체의 논리라고 착상한다."[3] 그래서 들뢰즈의 논리가 묻는 문제는 이렇다. 동일성이나 명제보다 다양체의 견지에서 생각한다는 것은 무슨 뜻이며, 나아가 우리 자신과 우리의 뇌를 술어와 술어가 속한 명제가 아니라 오히려 다양체로 구성되어 있다고 본다는 것은 무슨 뜻일까?

그래서 들뢰즈의 논리는 "참의 재인지"가 아니라 다른 문제, 문제들에 대한 다른 착상에 관심을 둔다. 그것은 우리의 생각에서 "복합들"을 보여 주고 밝혀내는 일이다. 그것은 문제화에서 도출되는 "개념 창조"의 논리다. 그것은 어떤 참된 문장들에서 다른 참된 문장들로 옮겨 가는 방법, 혹은 미규정에서 변증법적 전체로 이행하는 방법, 혹은 사고의 선험적 범주들에 도달하는 방법을 말하는 논리와는

---

1 LS, p. 145.
2 LS, p. 135. cf. p. 32. "의미의 논리는 완전히 경험론에 영감을 받았다." 왜냐하면 경험론은 주어진 것을 넘어 본질들이나 조건들을 찾지 않고 오히려 사고의 다른 가능성을 표현하는 문제들을 찾기 때문이다.
3 PP, p. 201.

다른 화행론적 전제와 목적이 있다. 그 논리를 기계라고 착상한다면, 그것은 계산하고 연산하는 기계, 튜링 기계가 아니라 오히려 "복합하는" 기계로, 일상적인 구분들 사이에서 움직이고, 우리를 놀라게 하고, 환원 불가능한 격차disparity, 계산 불가능한 우연을 달성하며, 제리 포더Jerry Fodor의 "모듈"보다 알프레드 자리Alfred Jarry의 "템포-모빌"tempo-mobile에 더 가깝다.[4] 실제 그것은 재인지와 재현이라는 "가장 완고한 논리"로 돌아가는 데만 기여하는 종류의 인공 지능과는 다른 뇌와 인지에 대한 관점으로 들뢰즈를 이끈다.[5]

이런 특이함에도 불구하고, 혹은 바로 그것 때문에, 들뢰즈의 논리는 생각과 삶 자체의 관계들을 다룬다. 실제 들뢰즈가 철학 전통에서 뽑아내려는 것은 정확히 삶에 대한 "실천적" 문제다. 가령 『의미의 논리』에서 들뢰즈는 함축implication에 대한 스토아학파의 논리에 대해 "진실과 명제"보다 "의미와 사건"의 견지에서 고도로 독창적인 관점을 제시한다. 거기서 함축의 논리는 스토아학파의 자연학과 함께,

---

4 CC, pp. 119 이하. 자리(Jarry)의 템포-모빌은 기술의 형이상학적 본질에 대한 하이데거의 선언에 유머러스한 각도를 공급할 뿐만 아니라, 들뢰즈의 글에 있는 일련의 역설적인 초현실주의나 다다 기계(만 레이Man Ray, 뒤샹Marcel Duchamp, 팅겔리Jean Tinguely)와 잘 어울린다. "Bilan-Programme", AO, pp. 463~487. 특히 pp. 476 이하를 보라. 거기서 "회귀 절차에서 분리"의 원리는 기계에, 특히 도시와 기계의 관계에 우연을 허용한다. 반대로 기술이 그 자체로 작용한다고 가정될 때, 그것은 파시스트 색채를 띠는 경향이 있다(p. 480). 그런 기계들과 '바깥'의 관계는, 어떤 지연이나 시간이라는 관념을 가정하면서 포더의 마음에 있는, 혹은 더 일반적으로 "연결주의"(connectivism)의, 많은 모듈과는 다소 다른 그림을 제공한다.

5 QP, p. 197. 신경과학에서 들뢰즈는 스티븐 로즈(Steven Rose)에 이끌렸다. 로즈는 컴퓨터를 뇌-기계라는 유비의 더 넓은 역사 속에 놓으면서, 대신에 그것을 일종의 확률적 뇌-시스템으로 이해할 것을 제안했다.

어떻게 필연을 거부하면서도 운명을 받아들일 것인가, 더 일반적으로 어떻게 "우리에게 일어나는 일에 걸맞지 않게 되지 않을 수 있을까"라는 위대한 실천적 문제를 위한 논리가 된다.[6] 이와 비슷하게, 스피노자의 『에티카』에서 실체와 그 양태들의 논리를 "내재성"과 내재성을 구성하는 "독자성들"의 논리로 보는 들뢰즈의 분석은, 사고(특히 그것의 "공통지"common notions[7]를 향한 호소에서)와 삶의 관계를 재구성하는 "실천 철학"(도덕과 구별되는)으로 이어진다.[8] 베르그손의 경우에, 들뢰즈는 삶, 삶의 약동élan 및 삶의 "창조적 진화"에 "차이의 착상"을 도입하자고 제안한다. 그 결과가 유기적이거나 합목적적인 형식에 앞서며, 지각, 기억, 행위의 일종의 "프래그머티즘"에서 보이는 "미규정"의 논리다. 각 경우에 들뢰즈의 논리는 생명론으로 이어지며, 생명론은 논리로 이어진다. 들뢰즈의 논리에는 사고 안의 생명 활동 및 이것과 뗄 수 없는 "실천 철학"에서 유래하는 많은 유머, 놀이, 책략이 있다.

그러므로 들뢰즈의 논리를 이해한다는 것은, 그것이 의미의 논리라는 "의미"를, 그것이 논리라는 "의미"를 이해하는 것이다. 왜냐하면 그것은 과학자들을 위한 추론 방법(들뢰즈의 생각에 그들은 그런

---

6 LS, p. 174. 우리에게 일어나는 것 안에서 사건에 걸맞은(digne de) "위엄"은, 들뢰즈가 이해하듯이, 철학에서의 근본적인 윤리적 문제라고 말할 수 있을 것이다. QP, p. 151을 보라.

7 [옮긴이] 스피노자에게 공통지는 적합한 관념에 도달하기 위한 중간 단계로서 필수적인 역할을 한다.

8 SPP. 사고와 삶의 새로운 관계에 대해서는 1장을 보라. 그리고 "실천 철학"에서 공통지의 역할에 관해서는 5장을 보라.

따위가 필요 없다)도 아니고 컴퓨터(컴퓨터와 생각의 관계는 다른 방식으로 이해되어야 한다)를 위한 통사론도 아니기 때문이다. 그것은 정립된 "진릿값"과 공적 합의에 앞서며, "나는 생각한다"나 "우리는 생각한다"에 앞서고,[9] 항상 예기치 못한 방식으로 분기하거나 증식하는 "의미"의 논리다. 그것은 일반성과 개별성의 견지가 아니라 독자적 관념들, 복합, "복합적 주제들"의 견지에서, 말하자면 동일성과 대립의 견지가 아니라 우리가 양화할 수 없는 "차이", 주어진 구별들 사이의 틈새, 혹은 아직 그리고 결코 완전히 "존재론적으로 규정되지" 않는 것을 지닌 틈새의 견지에서 생각하기 위한 논리다. 그것은 연역 논리도 귀납 논리도 아니다. 그것은 명제 논리도 아니다. 오히려 그것은 우리에게 일어나는 것에서 문제적이고 복합적인 것을 다루기 위한 일종의 개념 예술을 위한 논리다. 다시 말해, 그것은 아리스토텔레스의 삼단논법에서 보이는 그런 종류의 추론 이론으로 환원된다면 기형이 되거나 흐려지게 될, 사고의 경험과 행위를 위한 논리다. 반대로, 그것은 플라톤이 모든 것은 순수 형상들의 모방일 뿐이라고 상상했을 때 사고 속에 도입한 초월성이라는 "독이 든 선물"[10]에서, 그리고 이 선물과 이 독이 "초월론적", "변증법적", "기호적" 논리 속에서 취하는 다양한 변장에서, 생각을 해방하려 한다. 우리는 "플라톤주의를 뒤집어야" 한다(사실 플라톤 자신이 이 일을 처음 했다). 그래야만 비로소 우리는 논리란 무엇이며 무엇을 할 수 있는지 볼 수 있다.

---

9 [옮긴이] "나는 생각한다"는 주관성을, "우리는 생각한다"는 간주관성을 가리킨다.
10 CC, p. 171.

2.

플라톤 자신이 형상들에서 사물들의 감각적 불완전성을 뽑아내면서 형상들을 추적하려 했던 것처럼 우리는 플라톤에서 초월성의 가상을 "추적"해야 한다.[11] 그 가상의 심장부에서, 들뢰즈는 형상들과 그 "예화들"의 관계들이 지닌 논리를 찾아낸다. 보편과 특수, 타입과 토큰, 그에 상응하는 일반화와 특유화의 논리가 그것인데, 이 논리는 아리스토텔레스를 늘 따라다녔던 "범주들"이라는 일종의 나무형 혹은 분류학적 관점으로 이어진다. 오늘날 그런 관계들과 작용들은 프레게를 따라, 하나와 다른 하나를 사상寫象하는 함수들을 갖는 집합들과 그 원소들이라는 견지에서 이해되는 경향이 있다. 하지만 들뢰즈에게 이런 프레게적 관점은 플라톤의 선물 속 가상을 뒤섞을 뿐이며, 철학적 문제들을 명제들과 혼동하는 일을 끊이지 않게 한다. 들뢰즈 자신의 "다양체의 논리"는 화이트헤드의 추상 비판에서 따온 다른 원리를 채택한다. 즉, 추상은 설명하지 않는다, 오히려 추상 자체가 다양체로 다시 삽입됨으로써 설명되어야 한다.[12]

그래서 들뢰즈는, 프레게-러셀이 개념을 집합-함수로 보는 관점을 "필연적으로 환원적"이라고 단언한다. 정확히 말해 이는 들뢰즈가 논리에 재도입하려고 하는 "의미"와 "복합"을 삭감하고 철학에서 "개념"이라는 관념을 삭감해서, 러셀의 도움으로 도입한 분석적인 "생각에 대한 상"을 위축시키게 될 뿐이다.[13] 들뢰즈의 생각에, 우

---

11 "To reverse Platonism", 부록 I, LS, pp. 292 이하.

12 D, pp. vii~viii.

리는 불연속적이거나 원자적인 원소들을 갖는 집합이라는 그림 전체를 제거할 필요가 있고, 혹은 "관계들"의 이론에 담긴 러셀의 직관을 다항多項 술어-함수predicate-functions[14] 너머로 밀고 갈 필요가 있다. 그 대신에 우리는 미규정적 성분들을 갖는 불완전한 열린 전체를 보여 줘야 한다. 이에 대해서는 불연속적 변이와 연속적 변이 사이, 혹은 유리수적 연속과 무리수적 연속 사이의 수학적 구별이 프레게의 함수보다 더 나은 아이디어를 준다.[15] 그러므로 한 집합의 불연속적 "다양함"variety과 대조적으로, 다양체는 열린 전체 내에서 분기와 "변주"variation를 위한 일종의 잠재력potential이라고 말할 수 있을 것이다.

그래서 "다양체"라는 들뢰즈의 아이디어는 "여럿"多이나 "잡다"manifold나 "다양함"이라는 전통적 관념들과 혼동되면 안 되며, 다른 종류의 논리 연산을 요구한다. 그래서 들뢰즈는 "개별성"과 대조해서 "독자성"을 말하며, "일반성"과 대조해서 독자성들이 합착하거나 한데 모이는 미규정적인 "조성면"을 말한다. 들뢰즈는 전자의 예를 둔스 스코투스Duns Scotus의 "이것임"haeccity 관념에서 찾으며, 한편 스피노자의 "실체" 관념은 후자의 예를 제공한다. 따라서 들뢰즈

---

13 QP, pp. 128 이하. "논리"라는 용어는 프레게와 러셀의 명제 논리 밑에 깔린 생각에 대한 상을 가리킬 때, 가령 들뢰즈가 프루스트에서 "반(反)논리 기계"를 증보했을 때, 종종 부정적인 방식으로 사용된다.

14 [옮긴이] 일항(一項) 술어란 "'F' where 'Fx' means that x is a man"이라는 식으로 사용될 때의 술어이고 다항(多項, many-placed) 술어란 "'G' where 'Gxy' means that x loves y"라는 식으로 사용될 때의 술어이다.

15 두 종류의 연속성에 대해서는, C2, pp. 235 이하를 보라. 또 p. 236의 각주 46에서, 들뢰즈는 유리수와 무리수 사이의 스파이어(Albert Spaier)의 구분을 연속 내의 절단들이라고 언급한다.

의 논리 우주에는 말하자면 가장 특유화된 개체보다 "더 작고", 가장 일반적인 범주보다 더 큰 무언가가 존재한다.[16] 이와 비슷하게, 그가 "차이"라고 부르는 것은 구별, 대립, 모순과 혼동되면 안 되며, 그것이 그런 관념들의 논리에서 해방될 때만 정말로 "자유롭다"고 불릴 수 있다. 라이프니츠는, 두 사물에서 하나에는 해당되고 다른 하나에는 해당되지 않는 무언가가 존재하면, 두 사물은 구별된다고 말한다. 하지만 라이프니츠에서도 그런 구별에 앞서며 다른 의미가 있는 "차이"나 "독자성"들이 있음을 들뢰즈는 간파해 낸다. 어떤 부류class에도 들어맞지 않아, 일종의 불특정한 이웃voisinage에 함께 들어갈 때, 두 사물은 "자유롭게 다르다"고 말할 수 있다. 그러므로 "독자성"은 어떤 것의 사례나 예화가 아니다. 즉, 그것은 개별성이나 유일성이 아니다. 들뢰즈가 말하듯이, 그것의 개체화는 특유화가 아니다. 실제로 꽤 "불순한", 많은 서로 다른 종의 요소들을 섞는 개체화가 존재한다. 그러나 이런 하나의-부류에-들어맞지-않음, 이런 "불특정성" 혹은 "모호함"은 논리적 결함이나 비정합성이 아니다. 그것은 오히려 퍼스가 "1차성"firstness이라고 불렀던 것과 마찬가지로, 일종의 역량 혹은 우연이며, 아직 습관이나 법에 의해 한정된 것으로 만들어지지 않은 것의 "신선함"이다.[17] 그러므로 처음 오는 "이종성"에 대한 퍼스의 논의

---

16 DR, pp. 52~59.
17 퍼스의 "모호함"과 일종의 "길들지 않은"(유목민적인) 우연의 관계에 대해서는 Ian Hacking, *The Taming of Chance*(Cambridge, 1990), 17장과 23장을 보라. 이와 비슷하게, 들뢰즈는 라이프니츠가 아르노(Antoine Arnauld)에게 보낸 편지 하나를 중요하게 여기는데, 거기서 라이프니츠는 죄인-아담의 창조와 아담이 죄짓는 세계의 창조를 구별하고(LS, p. 134), 그럼으로써

처럼, 들뢰즈는 "다양성"도 단순한 무질서도 아닌 논리적인 "이격"離隔, disparate에 대해 말한다. 즉, 그가 말하는 "이격화"는 공간을 서로 구별되는 부분들로 나누지 않으며, 오히려 새로운 무언가를 위해 우연을 허용할 수 있도록 공간을 분산하거나 흩어 버린다. 그러므로 "다양한 배치체"를 만들어 내는 것은 이런 "자유로운 차이들", "이격들", "독자성들"이다. 바로 이런 이유로 그것들은 "진리 함수"와는 매우 다른 독창적인 종류의 논리적 "종합들"을 통해 주어진 의미를 갖는다. 집합의 원소들과는 달리, 다양체의 성분들은 불특정하거나 모호해야 하며, 다양체가 건설되는 방식인 "방랑자"적 방식과 조화를 이룬다. 따라서 들뢰즈의 논리의 문제는, "자유로운 차이들"을 그것들을 차이로 만드는 것을 삭감하지 않는 복잡한 전체들 안에서 어떻게 반복하는가, "독자성들"을 그것들을 독자적이게 만드는 것을 보존하는 "결속면"plane of consistency 안에서 어떻게 연결하는가가 된다.

3.

그러므로 들뢰즈의 목표는 이 기본 문제를 다양체의 논리 속에서 다음 네 개의 선을 따라 다듬는 것이라고 말할 수 있다.

1. 순수한 범주들 내에서 일반화나 특유화로 환원될 수 없는, 따

"모호한 아담"의 의미라는 문제를 열고 있다(LS, pp. 139 이하). 이것은 들뢰즈를, 라이프니츠에서 논리적 일관성이나 인과적 정합성으로 환원되지 않는 "공가능성"(compossibility) 개념에 대한 독창적 관점으로 이끌어 준다(LS, pp. 200 이하).

라서 집합들의 조합과 교차로 환원될 수 없는 독창적인 종류의 논리적 접속사connectives들, 말하자면 대립이나 모순을 피하는 "분간 불가능 지대들"로 작업하는 접속사들을 밝히려는 시도가 있다. 블랑쇼를 따라, 주어진 구별들의 "중화"(이것도 저것도 아니라는 "ne-uter"에서 온)에 대해 말할 수 있는데, 그것은 부재가 아니라 "다양체"로, 새로운 연결점들에 이른다. 다시 말해, 그것은 "분리 종합"[18]의 가능성을 열어 주는데, 여기서 분리들은 "구별적"이기보다 "이격적"이며, 종합은 "배타적"이기보다 "포함적"이다("이것이 저것과 어울리게 내버려 두기"). "부정"not조차도 진릿값을 바꾸는 혹은 변증법에서 더 높은 다음 단계로 이동하는 방식이기를 그친다. 그것은 ("다른 무언가, 새로운 무언가를 펼치기 때문에 그 어떤 주어진 구별들에서도 발견되지 않는") 다양체의 현행화의 표시가 될 뿐이다. 그러므로 철학적 개념들의 "함축들"은 집합과 함수, 형상의 예화, 혹은 술어들이 주어로 귀속됨을 통해서보다는 이런 연결들을 통해서 "펼쳐"진다. 다시 말해, 그것은 열려 있거나 분기하는 계열들의 수렴과 발산을 통해 펼쳐진다. 기본적인 논리 연산자operator는 "그리고"가 되며, 술어 혹은 동일성의 "이다"에 앞서 작용한다.

2. 이 "그리고"를 가지고, 들뢰즈의 논리는 "존재론적 규정"의 문제(혹은 존재하는 것이 무엇인지 말하기)에서 해방된다. 이 문제는 플

---

18 [옮긴이] 여기서 '분리'의 문제가 자세히 언급된다.

라톤의 독이 든 선물에서, 혹은 "존재한다는 것은 변수의 값이 있다는 것이다"라는 콰인의 원리에서 발견되는 것에서 유래하기 때문이다. 들뢰즈의 논리는 "하늘은 파랗다"나 "신은 존재한다" 같은 문장들을 모델로 삼은 것과는 다른 종류의 문법이나 논리적 정합성을 가정한다.[19] "이것"과 "저것"을 연결하고, "여기"와 "저기"를 움직이면서, 그것은 들뢰즈가 아직 말해지지 않았고 결코 완전히 이해되지 않은 다른 언어를 더듬거리며 말하기에 비유한, 언어와의 다른 관계를 갖는다. 오직 이 방식으로만, 언어는 우리의 실존과 세계 안에서 "존재론적으로 규정되지" 않은 것에, 다른 종류의 서술을 통해 주어진 것에 이를 수 있다. 이는 문학이나 영화에서 "등장인물들"이 고정된 "성질들"에 의해 규정되기를 그치고 오히려 일어나는 것 혹은 일어난 것의 논리 속에서 많은 조각 혹은 블록을 통해 한데 묶이게 될 때 그러는 것과도 같다. 왜냐하면 우리에게 일어나는 일, 그리고 우리에게 일어난 일에는, 항상 "무언가에 귀속시킬 수 없는", 그렇지만 우리의 "생성들"의 일부를 형성하는 어떤 것이 있다. 이것이 들뢰즈가 "사건"이라고 부르는 것이다. 그것은 그의 논리의 "의미"와 그 논리의 "그리고"의 이상한 문법이 상정하는 종류의 사건이다. 들뢰즈는 말한다. "내 모든 책에서 나는 사건의 본성을 찾으려 했다. 그것은 철학적 개념이며, 그것만이 존재하다to be 동사와 한정사attribute를 박탈할 수 있다."[20]

---

19 PP, pp. 64~66.
20 PP, p. 194.

3. 따라서 이 논리적 "박탈"은 그 자체가 목적이 아니며, 오히려 사물들을 생각하고 연결하는 또 다른 방식의 귀결, "존재하는 것"과 서로 다른 관계를 갖는 또 다른 종류의 논리적 건축의 귀결이다. 들뢰즈는 자신의 논리를 "해체적"이 아니라 "건축적"이라고 부른다. 그것은 동일성을 해체하는 것이기보다 차이들을 열린 전체나 복합적 전체 안에 한데 넣는 것이다. 그렇다면 다양체를 포함하는 전체란 무엇일까? 다수와 하나 사이에는 어떤 관계들이 있을까? 앞서 보았듯이, 들뢰즈에게 "독자성"은 유일한(즉, *sui generis*) 무언가가 아니라, 반대로 그것이 반복되게 되는 방식을 통해서만 이해될 수 있는 무언가이다. 사물들을 부류에 포섭하는 일반성의 논리나 술어들이 귀속하는 주어의 논리와는 다른 논리, 즉 "복합된" 혹은 "복합적인" 전체의 논리를 요구하는 것은 바로 저런 "독자적인 것의 되풀이 가능성"이다. 따라서 들뢰즈의 용어법에서, 독자성은 "계열"에 들어가는 것이며, 계열은 하나의 집합이나 유기적 전체와는 반대로 "독자성들"로 구성된 것이라고 말할 수 있다.[21] 그러므로 계열과 집합 혹은 유기적 전체의 차이는 그것이 연속되는 방식에서 볼 수 있다. 들뢰즈가 말하듯, 그 방식은 처음에서 끝으로 움직이기보다 항상 "중간에서 다시 시작"한다.

비트겐슈타인은 수의 계열에 하나를 더하는 정확한 규칙에 관한 문제로서 연속성의 문제를 정립했다. 크립키Saul Kripke는 이 문제가 어떻게 술어들, 특히 우리 자신을 기술하는 데 사용된 술어들에 대한

---

21 계열이라는 개념과 논리에 대해서는, LS, pp. 50 이하를 보라. 집합과의 대조에 대해서는, PP, pp. 79~80을 보라.

문제로, 따라서 흄의 회의론으로 확장될 수 있는지를 보여 주었다.[22] 그러나 수의 계열과는 달리, 들뢰즈가 다양체라고 부르는 것은 셀 수 없다. 그 성분들은 하나씩 집어낼 수 없으며, 어떤 모호함을 계속 유지한다. 그것들은 오히려 시몽동Gilbert Simondon이 "준안정 시스템"이라고 부르는 것, 즉 그 자체가 개별 성분들의 정의에 따라서 변하는 시스템에서의 "안정화"stabilizations와 비슷하다. 가령 색의 차이들은 아마도 굿맨Nelson Goodman이 말한 "grue"로 변하는 것에서 "green"을 지켜 주는 그런 종류의 거친 "자기 유지적entrenched 술어들"에 어울리는 차이보다 더 작거나 미세할 수 있다. 들뢰즈 생각에 색이 "감각의 논리" 안으로 들어가는 것은, 실로 사물의 성질로서라기보다 이 방식에 의해서다.[23] 이런 의미에서, 들뢰즈의 독자성들은 술어에 의해 규정되는 세계들에 앞서며, 사물들이 술어화의 다른 "가능 세계들"로 분기될 수 있는, "개체 하위의"subindividual 지점들과 비슷하다. 요컨대 다양체는 번호를 붙일 수 없으며not denumerable,[24] 비트겐슈타인이

---

22 Saul Kripke, *Wittgenstein on Rules and Private Language*, Harvard, 1982. 굿맨의 "그루의 역설"(grue paradox)은 모든 귀납적이거나 예언적인 추론에서 "자기 유지적 술어"의 존재를 설립하려는 의미를 지녔다. 그러므로 우리의 "독자성들"이 "전개체적"이라는 들뢰즈의 생각은, 그것들이 또 다른 종류의 우연과 위험을 우리의 삶에 도입하고, 또 다른 비귀납적인 "시간의 종합"을 도입하면서, 우리가 예언할 수 있게 해주는 다소 자기 유지적인 "성질들"이나 술어들보다 먼저 온다고 말함으로써 정립될 수 있을 것이다. 따라서 공사(公私)의 구별은 들뢰즈가 화이트헤드에 대한 논의에서 시사하듯 다시 생각되어야 한다(PLI, pp. 106 이하). 이것이 규칙이라는 관념에 관해 상정하는 것에 관해서는, ES, pp. 59 이하를 보라.

23 들뢰즈의 생각에, 흄은 더 이상 감각적 현상들과 감각들의 오류 문제에 기초하지 않은 "근대적 회의론"을 도입한다. 오히려 출발점은 관계들이며, 문제는 오류가 아니라 "가상", 즉 정당한(legitimate) 믿음과 부당한 믿음을 어떻게 구별하는가의 문제다. "Hume", PI를 보라.

시간적 연속성에 대해 이렇게 말할 때처럼 다른 방식으로 연속되어 야 한다. 즉, 우리가 세계의 미래를 생각할 때 우리가 뜻하는 건, 지금 우리가 그것이 가고 있다고 볼 수 있는 방향으로 계속해서 간다면 이르게 될 목적지다. 우리는 미래의 길은 직선이 아니라 계속 방향을 바꾸는 곡선이라는 생각을 떠올리지 못한다.[25]

들뢰즈는 지속이란 "양적" 다양체가 아니라 "질적" 다양체의 현행화라고 말하는 베르그손에 의해 연속성의 문제가 더 잘 정립되었다고 본다. 다양체를 연속한다는 것은 논리적으로 미리 규정된 지대가 아니라 "분화함으로써 발명하는" 지대로 이동하는 것이다.[26] 바로 이런 이유로 지속은, 더 이상 계속이나 영속을 통해 작동하는 게 아니라 오히려 부단히 "분화하고" 특이점에서 다시 시작하는 열린 전체로서 작동하는 시간의 형식을 상정한다. 그런 전체는 "유기적"(그것의 부분들 각각에서 표현됨, 혹은 조화롭게 함께 작동하는 성원들로 분절됨)이지 않다. 그런 전체가 한데 모으는 다양체는 파편적인 게 아니라, 시멘트를 바르지 않은 자유로운 돌들로 된 벽과 같이 **완성되지 않**

---

24 [옮긴이] 일반적으로 denumerable(번호를 붙일 수 있는)과 enumerable(셀 수 있는)은 모두 countable(셀 수 있는, 可算)과 같은 의미로 쓰는 단어다. countable 집합은 양의 정수의 집합과 일대일 대응 함수가 존재하는 집합을 말한다. 좀 더 정확히 살펴보면 X라는 집합과 자연수 집합 사이에 일대일 대응(전단사함수)이 존재하면 denumerable set이라고 정의한다. 즉 denumerable set은 무한집합이면서 집합의 원소의 개수(농도)가 자연수와 같은 집합이다.

25 Ludwig Wittgenstein, *Culture and Value*, ed. G. H. von Wright, trans. Peter Winch, Chicago, 1980. 들뢰즈의 "유리수적" 연속성과 "무리수적" 연속성의 구별에 대해서는, C2, p. 235를 보라. 그리고 "유클리드적" 시간 이미지를 결정체적 시간 이미지로 대체하는 것에 대해서는, CC, pp. 167 이하를 보라.

26 B, p. 101. 이런 "발명"의 관념은 직관과 문제라는 베르그손의 주제와 연결된다.

았을*inachevé* 뿐이다.[27] 실로 우리는 유기체론과 기계론 사이의, 전자의 "전체론"과 후자의 "원자론" 사이의 배타적 양자택일을 버려야 한다. 대신에 문제는 우리를 "개인화하는" 것에 앞서는 삶을 표현하는 문제다. 들뢰즈가 가령 라이프니츠에서 모나드들과 세계들의 논리로 도입하려는 것, 혹은 스피노자에서 존재의 독자적인 양태들과 그 양태들의 합성에서 찾으려는 것이 정확히 그런 삶이다. 따라서 복합적 전체 속의 "복잡성"은 결코 단순한 요소들과 그것들의 조합으로 환원될 수 없으며, 사고 속에서 또 다른 종류의 건축과 연속성을 통해, 또 다른 방식으로 "파악"되어야 한다.

4. 그러므로 철학이란 다양체의 논리다. 하지만 다양체는 원소들을 하나씩 집어낼 수 있는 집합이 아니다. 그것은 다른 종류의 "함축들"implications을 갖는다. 정말이지 "함축" 개념을 "X란 무엇인가?"라는 플라톤적 혹은 명제적 형식에 드리워진 문제에서 해방해야 한다. 왜냐하면 철학적 문제의 함축들은 결코 단순히 다른 것들에서 진실을 추론하는 일이 아니며, 오히려 언어와 또 다른 종류의 관계를 맺고 있기 때문이다. 그것들은 순수 형상 혹은 불변의 형상들의 코바늘 뜨개질로 짤 수 있는 어떤 것보다 앞서는 담론의 직조 혹은 짜임(즉 *symploche*)을 가정한다.[28] 그래서 들뢰즈는 "함축들"은 테제들의 귀결

---

27 CC, p. 110.
28 MP, p. 594. "담론을 짜는" 다른 "매끈한" 방식은 들뢰즈의 고유한 스타일의 특징이라고 말할 수 있다.

이 아니라 오히려 "복합 테마들"의 가지 뻗기이며, 그렇기에 복합 테마들은 다양한 접합이나 결합을 통해 다른 것들에 부착된다고 말한다. 복합 테마의 "함축들", 혹은 이런 비공식적 방식으로 서로 "따르거나" "연결되는" 것들을 보여 주는 하나의 그림은, 문제적 점들 주변에서 수렴하고 발산하는 계열들이라는 그림이다. 다시 말해, 술어와 명제의 논리에 앞서는 것은, 어떤 거대한 침묵이나 공허가 아니라, 오히려 펼쳐지거나 설명되어야 할 "복합"이다. 들뢰즈는 "complicatio"[29]라는 신플라톤주의적 개념에서 이미 어렴풋이 예시된, 형상에 "참여"하게 할 수 없는 것의 이런 "비순수한 복잡성"이라는 관념을 발견한다.

들뢰즈는 implication, explication, replication, complication, "perplication" 등[30] 접힘 혹은 "주름"pli 관련 단어들을 취해서 놀이함으로써, 라이프니츠에서 그런 복합의 "바로크" 버전을 찾아내려 한다.[31] 비록 여전히 예정 조화 안에 갇혀 있긴 하지만, 그것이야말로 진정으로 라이프니츠를 주름 혹은 복잡성의 철학자로 만들어 준다. 또한 들뢰즈는 스피노자의 표현의 문제와 프루스트의 기호의 문제에서 선先술어적 "복합"이라는 문제를 발견한다. 라이프니츠와 주름에 관한 책에서 들뢰즈는 다양체란 많은 부분을 가지는 것이 아니라고 말한다. 다양체는 여러 번에 걸쳐 여러 방식으로 "복합된" 혹은 접힌 것으로, 보르헤스Jorge Luis Borges의 우화에 나오는 계속 포크처럼 갈라

---

29 [옮긴이] 이 개념에 대해서는 다음 문단 참조.

30 [옮긴이] 순서대로 '함축', '설명', '복제', '복합', '당혹화' 정도로 옮길 수 있겠다.

31 perplication에 대해서는, DR, pp. 324 이하와 pp. 359 이하를 보라. 나는 "주름-" 단어들의 논리에 대해 나의 책 『건설들』(*Constructions*, MIT, 1998)에서 논했다.

지는 길로 된 정원처럼, 완전히 펼쳐진 상태는 없고 한층 더한 분기만 있다. 그런 것이 단순성이나 일반성의 논리로 결코 환원될 수 없는 "독창적인" 종류의 복잡성이다. 만약 하나의 함축을 펼치거나 설명하면, 다른 함축에 이르게 되며, 다시 그것이 다른 함축들을 가리키면서 첫째 함축을 다시 생각하게 도와준다. 거듭 "원리들"을 향상하도록 강요받은 바로크 논리에서처럼, 주름들에서 나오는 주름들(즉 *plica ex plica*)이다. 그러므로 다양체의 견지에서 생각한다는 것은 그런 복잡성과 함께 생각하는 것이다. 이를 위해 들뢰즈는 생각의 기운과 지각체라는 견지에서 스피노자가 상술한 일종의 "진료적" 양상을 발견한다.[32] 서로 다른 종류의 논리적 "흐름"이 있다. 독자적인 무언가가 등장할 때처럼 "속도를 높이는 것"의 기쁜 느낌, 새로운 것은 전혀 오지 않아 오직 똑같은 막다른 골목을 배회할 뿐, 발명은 할 수도 없다는 우울한 느낌. 즉, 제1 존재 혹은 진실에서 도출되는 "해"解에 대한 희망, 거기에 이르지 못할 것이라는 두려움, 거기에 이미 도달했다는 자신감 또는 거만함 등과는 다소 다른 기운들.

플라톤의 문제는 어떻게 모든 것을 변증법적 정의定義의 "그물"에 맞추느냐였다. 들뢰즈의 논리는 다른 종류의 "체"나 "그물"을 추적한다. 그것은 플라톤의 『티마이오스』에서 **코라**의 "서출庶出 논리"처럼 형상-질료 혹은 질료 형상 도식에 앞선다. 왜냐하면 들뢰즈의 문제는 형상들(우주들, 집합들 등)에 "참여"하게 만들어질 수 없는 것을 불

---

32 CC, pp. 180 이하.

완전한 무형식의 평면에서 조합하고, 배치하고, "건축"하면서 어떻게 그것을 추출할 것인가이기 때문이다. 생각에서처럼 삶에서도 이미 규정되지 않은 것에 응답할 수 있도록, 즉 역사 속에 새 역사들을 개시하고, 우리의 존재 방식의 "복합" 속에 새 길들을 개시하는, 우리 안에서 우리에게 일어나는 일 속의 저 예견할 수 없는 계기들에 응답할 수 있도록 말이다.

4.

그러므로 들뢰즈의 논리 우주에는 "차이들"과 "독자성들", 그리고 그것들의 잠재적 복합들이 거주한다. 그러나 그런 "차이들"이 있다거나 **존재한다**고 말하는 데는 역설의 분위기가 있다. "존재"라는 관념은 들뢰즈가 제거하려 하는 고전 논리와 결부되어 있기 때문이다. 그래서 『의미의 논리』에서 들뢰즈는 그것들을 "실존한다"기보다 "바깥–존재들"extra-beings이라고 부르며, 그것들이 사물들과 우리 자신 "아래 있고"subsist "안에 있다"insist고 말한다. 그래서 다양체들에 대해, 그것들은 사물들 "아래 있"지만, 그것들을 명시하거나 "양화"할 수는 없다고 말할 수 있다. 바로 이 점이 다양체들을 "질적인" 것으로 만든다. 그것들은 "모든"과 "각각"처럼 묶인 변수들로 된 양화사의 논리 "그물"에 잘 들어맞지 않는다. 독자성은 다소간 **아무거나**quelconque로, 잠재력 혹은 잠재성의 표시라고 이해되며, 양화할 수 없는 방식으로 "실효화"된다. 따라서 우리는 들뢰즈를 특이한 종류의 "실재론자"라고 불러야 할 것 같다. 예측하거나 예견할 수 없으며, 사고와 다른 관계를 갖는 그런 잠재성들에 관한 실재론자 말이다.[33]

"실재론"의 철학적 문제는 종종 분류의 문제에 이르게 되는 것 안에서 설정된다. 그래서 유명론은 개체들만 실존하며, 개체들이 속하는 분류들은 우리의 다소 관행적인 분류 방식일 뿐이라고 말한다. 반면, 본질주의는 "진짜"real 종류들 혹은 분류군들도 실존한다고 말한다. 그러나 앞에서 본 것처럼, 들뢰즈는 "일반적인 것을 넘어서는"suprageneral 방식으로 서로 잘 맞아떨어지는 미규정적인 "개체 하위의" 것들이 있다고 말하고 싶어 한다. 따라서 가령 들뢰즈의 문제는 젠더 혹은 성의 분류가 "본질적"이냐 관행적이냐가 아니다. 오히려 그는 그런 분류가 우리의 "실재론"으로 풀어 가야 할 잠재력을 지닌 무수한 "소수" 생성들을 가려 버리는 "그램분자적" 범주라고 생각한다. 프루스트는 좋은 예다. 들뢰즈의 생각에, 프루스트가 "본질들"이라고 부른 것은 실은, 플라톤의 '상기'와 '우정'의 형상들과는 아주 다른 방식으로 우리의 사랑과 우리의 사고에 관련된 개체 하위의 "잠재성들"이다. 그러나 들뢰즈가 이와 연관된 논리를 밝힌 것은 베르그손의 "잠재"와 "가능" 사이의 구별을 통해서다.[34] 예화instantiation의 논리에서는, 실존 자체를 제외하고는 개념과 그것의 다소 "완벽한" 실현 간에 어떤 차이도 없다. 이와 대조적으로, "질적 다양체들"(혹은 차이들 혹은 독자성들)에 대해, 우리는 오히려 그것들이 실존하는 그 어떤 논리적 나눔들 안에서도 발견되지 않는 문제적 잠재력을 "현행

---

33 [옮긴이] 여기서 실재론은 realism의 번역어로, 이 말은 '리얼리즘' 또는 '사실주의' 등으로도 옮길 수 있는데, 지금 맥락은 철학에서의 '실재론'과 '유명론'을 다루는 곳이기 때문에 이렇게 옮겼다.

34 DR, pp. 269 이하.

화"한다고 말해야 한다. 이 경우에 현행과 잠재 사이의 관계는 형식들과 그 예화들의 합치와는 전혀 상관없다. 대신 현행화는 주어진 논리적 가능성들 안에 포함되어 있지 않은 다른 분화하는 종의 "발명"의 문제가 된다.

하지만 그렇다면 그런 잠재성들이나 그것들이 요구하는 종류의 발명에 대해 "실재론자"라는 것은 무슨 뜻일까? 한 가지 답은 『영화 2』에 나온다. 들뢰즈는 말하기를, 이탈리아 네오리얼리즘이 "실재론적"인 것은 사회적 내용에 주목해서가 아니라, 오히려 어떤 판단 법칙이나 언어가 미리 존재하지 않는 "참을 수 없는" 무언가를 보여 줄 수 있는 새로운 종류의 이미지를 발명해서다. 바로 이런 식으로 이탈리아 네오리얼리즘은, 참과 거짓, 실재와 비실재를 구별하는 데 아무 문제도 없어서 결정이나 판단에까지 가는 보통 방식으로는 이해되거나 "결정될" 수 없는 안팎의 힘들을 보여 주는 데 관심이 있는 영화를, 그래서 어떻게 "행동"해야 할지 모르는 채 "보는" 영화를 예견한다. 하지만 들뢰즈는 같은 종류의 "실재론"을 푸코와 그의 보는 기술에서 발견한다. 근대 사회의 규율에 대한 지도 혹은 도해diagram를 제시하면서, 푸코는 계획이나 정책보다 먼저 존재하지 않았던 참을 수 없는 무언가를 보여 주었다. 실험과 발명의 지점으로서 "현행" 혹은 "지금 일어나고 있는 것"의 시간에 대한 푸코 자신의 논의는, 더 일반적으로는 참을 수 없는 것을 드러내는 실재론을 포함한다고 이해될 수 있다. 따라서 이 실재론의 원리는 다음과 같은 식으로 제시될 수 있다. 즉, 다양체들은 "사건들"의 실재성 혹은 실존에서 "속성이 될 수 없는" 것의 실재성을 가지며, 그 실재성은 우리가 다양체들을 보는 방식과 우리가 다양체들에 대해 하는 것 속에서 드러난다. 그러므로 다양체들은 우리가 판단하거나 결정할 수 없고 단지 실험하고 발명할 수 있을 뿐인 바로 그곳에서, 우리가 "실재론자"이기를 요구한다.

5.

그렇다면 들뢰즈가 제안하는 논리의 "의미"는 무엇이며, 그것은 어떻게 그리고 어디서 찾아야 할까? 푸코에서 담론을 "사건들"에 노출하는 "익명성"처럼, 그것은 기성 진실들과 거기에 도달하기 위해 고안된 간주관적 역할들에 의해 정의될 수 없으며, 반대로 저 "담론적 규칙성"에 의해 전제된다.[35] 따라서 그것은 우리가 문장에 "진릿값"을 할당하거나 개념의 "지시체를 확정"하거나 그런 행위들에 동반하는 "명제적 태도들"을 채택하게 해주는 공적 의미public sense가 아니다. 요컨대 들뢰즈의 sens는 프레게의 Sinn이 아니다.[36] 그것은 그런 Sinn보다 훨씬 "근원적"이다. 즉, sens는 그것의 설립 "아래에 그리고 안에 존재"하며, 푸코가 그것의 "문제화"의 계기라고 부른 것 안에서 출현한다. 따라서 그것은 "무의미"와 다른 관계를 맺고 있다. 가령, 푸코가

---

35 따라서 (비트겐슈타인의 "문법"의 규칙성들처럼) 푸코의 담론의 "규칙성들"은 언어학자나 논리학자, 혹은 언어 행위 이론가에 의해 연구된 것들과 다르다. 푸코는 말하기를, 담론의 규칙성들은 담론이 언어학적이거나 논리적이기 전에 항상 사건이라고 전제한다.

36 [옮긴이] 프랑스어 sens('쌍스'로 발음)나 독어의 Sinn('진'으로 발음)은 모두 영어의 sense에 해당하며 보통은 '의미'로 옮길 수 있으나, 이 절에서는 그 셋의 차이가 강조되므로 영어의 sense만 '의미'로 옮기고 나머지는 그대로 두었다. '무의미'에 해당하는 프랑스어 nonsens(sens의 반대말 형용사)와 독어 unsinnig(Sinn의 반대말 형용사)도 그대로 두었다. 이 책 전체에 걸쳐 sens와 Sinn을 번역해서는 안 되는 대목에서는 그대로 표기했다.

담론에서 아직 또는 더는 "가능한 진실"이 아닌 것, 따라서 아직 또는 더는 주어진 규칙성 안에서 말하거나 볼 수 없는 것을 논의할 때처럼, unsinnig하지만 논리적으로 모순은 아닌 것들(저 유명한 둥근 사각형처럼)을 논의할 수 있다. 들뢰즈의 생각에, 언어학적으로 우리는 그것을 루이스 캐럴의 허구 속의 "무의미" 안에서도 본다. 이런 방식으로 unsinnig한 것은 결함이 아니라 오히려 sens의 본질적 원천이다. 그래서 들뢰즈는 『의미의 논리』에서 다음 사실에 미덕이 있다고 생각한다. 즉, 말할 때 나는 항상 언명할 수 있는 것 이상을 표현한다. 그것은 이미 설립된 "나는 생각한다"나 "우리는 생각한다"를 넘어서며, 수행문들, 공적 지표성indexicality, 혹은 담론의 일상적 "인칭들"로 환원될 수 없는 그 무엇이다. 들뢰즈는 명제들, 지시체들, 태도들의 Sinn에 앞서는 "의미의 층"에 대해 말한다. 그렇긴 해도 "의미의 층"은 사고에 의해, 혹은 사물들이 생각되기 위해 주어지는 방식에 의해 요구된다. 이것은 나중에 『천 개의 고원』에서 [촘스키의] 생성문법 또는 소쉬르의 랑그의 기본전제들에 앞서는 언어의 "화행론"에 이른다. 그런데 명제적 의미와 지시체에 대한 sens의 선행성이 드러나는 하나의 방식은, 정확히 철학이 관심을 갖는 특정한 종류의 문제들에서다. 실로 그것은 철학이, 허구와 마찬가지로, 항상 **짐승 같은**bête, 항상 "본성상 역설적인" sens에 관심을 두기 때문이다. 역으로 "의미"는 철학적 역설의 본성이 전제하는 것이다.

"가바가이"gavagai, "그루"grue, 또는 "쌍둥이-지구"twin-earth 같은 이상한 용어들에 의해 주어지는 분석철학 또는 "분석철학 이후"의 역설들은, 철학을 자연화하려는 콰인의 시도에서처럼 들뢰즈가 보기엔

"통념"의 어떤 형태를 복원하는 것으로 끝나 버릴지라도, 프레게, 러셀, 논리실증주의에서 물려받은 의미와 지시체의 그림 안에 있는 구별들을 원점으로 돌리는 데 이바지한다. 이와 대조적으로, 바슐라르에게는 지식은 항상 통념과 절단하는 데서 시작하며, 이 아이디어를 이어받은 푸코는 바슐라르의 과학과 이데올로기의 구별에서도 그런 "문제화"를 제거하려 했다. 이런 식으로 푸코는 들뢰즈가 『의미의 논리』에서 "구조주의적" 역설들을 논의하면서 정교화하는 의미의 요소에 이른다. 왜냐하면 이 역설들은 Sinn보다 sens의 역설들이기 때문이다. 라캉의 "도둑맞은 편지"와 함께, 우리는 "복합 반복"의 문제에 다다른다. 우리가 우리의 징후들 속에서 반복하는 것은, "실재를 재현하기"의 문제뿐 아니라 신화나 고전 서사 속 개인들의 운명에서 발견되는 "진실과의 관계"와도 구분해야 하는 "실재적인 것"과의 관계로 번역된다. 레비스트로스Claude Lévi-Strauss에서(마르셀 모스Marcel Mauss에 대한 서론에서), 우리는 주어진 시간과 장소 혹은 주어진 문화 혹은 상징체계에서 언어가 요구하는 의미와 관련해서 언어 과잉의 역설을 발견한다. 언어의 이런 과잉과 이 "실재적인 것"과의 관계는 모두, 들뢰즈가 생각하기에 생각에 의해 요청되는 일종의 역설 혹은 역설적 의미를 가리킨다. 들뢰즈는 그것의 논리를 제안하고 있다.

구조적 역설들은 생각에 대한 고전적 혹은 독단적 상의 술책을 폭로하게 했다. 그 상은 또렷함과 맑음[37] 바깥에는 혼란, 카오스, 무정

---

37 [옮긴이] distinction and clarity. 전통적 번역어로는, '판명과 명석'이라 옮겨 왔다.

부상태만 있다고, 그리고 참-거짓 문장의 Sinn 바깥에는 무의미, 부조리, 침묵만 있다고 믿게 했었다. 들뢰즈는 이 술책을 폭로하기를 원하며, 생각이 있으려면 일종의 미규정과 무의미가 요구된다고 말한다. 그래서 그는 비어 있음, 공허, 모든 소[牛]를 검게 만드는 변증법적 밤의 미규정이 아니라, 오히려 모든 규정에 동반하는 저 분간 불가능 지대들을 통해 주어지는 미규정에 대해 말한다. 그런 미규정으로써, 그는 "부조리"라는 실존적 격정의 방식 말고, 새로운 것들이 생각되기 위해 주어지는 의미의 층 혹은 지대로서, 사고에 속하는 "무의미"가 있다고 생각한다. 그래서 들뢰즈는 소크라테스적인 또는 낭만주의적인 "아이러니"가 생각에 대한 고전적 상 안에 남아 있는 부정과 함께 여전히 작용하고, 결국 그것을 다시 강화한다고 생각한다. 이와 대조해서, "유머"가 있는데, 이것은 오히려 사고 안의 의미와 무의미의 관계들에 관련되며, 들뢰즈는 가령 흄과 흄의 회의론에서 그것을 발견한다.

그렇다면 이 "의미와 무의미"는 어떻게 우리에게 주어질까? 어떤 종류의 기호를 통해 그것이 드러나거나 나타날까? 이것이 들뢰즈의 기호학의 기본 문제다. 따라서 기호signs의 문제는 기호 논리symbolic logic에서의 상징symbols의 문제와는 다르다. 실제로 들뢰즈의 다양체의 논리에는 표기법이 없다. 오히려 그는 거기에 이르는 새로운 단어들과 절차들을 항상 발명하고 있다. 그것은 어떤 코드도 없고 있을 수도 없는 의미(와 무의미)를 위한 논리다. 그래서 들뢰즈는 가령 무의식이 코드처럼 구조화되어 있다는 아이디어에 반항한다. 프로이트가 "징후들"이라고 부른 것은 오히려 우리와 우리 서로의 관계들을 독자화하는singularize 데 이바지한다. 그래서 마치 우리 각자에게는 특유한 리비도적 "관용구"나 "어법"이, 즉 우리가 말하고 행하는 것의 변덕들 속에서만 있을 수 있는 의미에 이르는 열쇠가 있고, 그래서 그 어떤 상징 질서에도 앞서며 그리로 환원될 수 없는 우리 사이의 "잠재적 관계들"을 창조하기라도 하는 것 같다.[38] 따라서 징후들은 "무의미"의 기호들이다. 그것들은 오류도 아니고 정보의 소음도 아니며 오히려 우리를 독자적인 존재로 만드는 것의 엄청난 비인물적 비축분 혹은 잠재성이다. 하지만 그렇다면 그 어떤 코드도, 표기법도, 일반적 통사법도 존재하지 않는 이 이상한 의미는 어떻게 드러나거나 표현될까? 그렇다면 우리는 어떻게 "sens를 통하게 할까"?

6.

들뢰즈의 기호학의 문제는, 이 의미를 제출해서 우리가 아직 생각할수 없었던 것을 생각할 수 있게 하고, 우리가 "맑고 또렷하게" 분간할수 없었던 것을 볼 수 있게 하는 것이다. 그것은 선행하는 어떤 것의모방이나 재현이 아닌, 우리의 존재 양태에 있는 무언가를 표현하는문제다. 들뢰즈는 그것을 프로이트의 "징후들"이나 프루스트의 "기

---

38 프로이트의 "리비도적 잠재성"이라는 아이디어는 DR, pp. 131 이하에서 발전된다. 하지만 들뢰즈는 이 책에서도 우리가 독자적인 리비도적 존재로서 서로 형성하는 "잠재적 질서"는 우리의 동일시 및 우리와 그것의 "상상적" 관계에 의해 주어진 그 어떤 "상징적 질서"보다 앞선다고 생각하고 있다고 말할 수 있다. 그것은 또 다른 "미분적" 논리를 가지며, 실재와 또 다른 관계를 맺는다. 가령, 들뢰즈가 미국 소설에서 보는, 이미지와 주체와 모방보다는 오히려 특성과 지대와 기능의 관계들을 다루는 논리 말이다(CC, pp. 100 이하).

호들"뿐 아니라 라이프니츠의 "애매한 기호들"의 문제나 들뢰즈가 영화 연구에서 밝히고 있는 종류의 "이미지들"에서도 목격한다. 각 경우에 기호들은 언어나 논리를 해독하는decoding 것과는 다른 종류의 지능을 요구한다. 오히려 기호들은 "코드화"될 수 없는 무엇, 들뢰즈가 "탈영토화" 과정들 혹은 "도주선들"이라고 부르는 것에 도달한다. 그래서 들뢰즈는 상징적이거나 도상적iconic이기보다 도해적이거나 지도 제작적인, 그리고 예언적이거나 설명적이기보다는 다른 가능성들을 진단하는 기호학을 그려 보이려 한다. 그는 다양체들의 "도해"인 "추상적인 기계"를 논의한다. 이것이 가능하려면 "기호"의 개념 자체는 적어도 두 가지 방식으로 다시 생각되어야 한다.

우선, 기호들과 기호들에 의해 나타내는 것 사이의 관계는 유사성이나 고정된 유비에 지배되지 않는다. 그것은 형식과 내용의 견지에서 이해해서는 안 된다. 엘름슬레우Louis Hjelmslev의 기호학에서, 들뢰즈는 소쉬르의 기표와 기의 그림에서 발견되지 않는 표현에서의 비형식적 요소를 찾자고 한다. 혹은 들뢰즈는 공리 체계의 것과는 달리 "비정확한"anexact 엄격함으로 알려진 후설의 "유클리드적인 것 하부의" 형태들, 혹은 "모호한 본질들"이라는 관념을 취한다.[39] 이런 식으로 기호들은 플라톤에 의해 도입된 질료형상설에서 벗어나며, 그 대신 순수한 원본들과 그 예화들의 관계에 더는 종속되지 않는 일종의 "나쁜 미메시스mimesis"를 다루는데, 이미 플라톤에게도 "허

---

39 MP, pp. 454 이하. 나는 "기하학의 기원"의 문제를 나의 책 『건설들』에서 논했다.

상"simulacra과 "환상"phantasmata이 있었다. 따라서 둘째로, 들뢰즈의 기호학에는 단어와 이미지 사이, 혹은 말하기와 보기 사이에 그 어떤 "이중 분절"도, 앞서거나 필연적인 일대일 대응 연계도 없다. 직관과 개념을 연결하는 칸트의 "도식론" 같은 것도 없다. 그래서 들뢰즈는, 마그리트René Magritte의 언어적-이미지적 역설들이 단어와 이미지 간의 고전적인 재현적 연계를 뒤엎어서 그 둘에 앞서는 담론의 "익명적 중얼거림"을 우리에게 가져다주는 데 어떻게 기여하는지 보여 주려 한 푸코의 시도에 경탄했다. 들뢰즈는 그것이 푸코의 문서 보관소 조사에서 진행된 더 광범위한 보는 기술의 일부로 본다. 이 조사에서는 주어진 시간과 장소에서 우리가 말할 수 있는 것과 우리가 볼 수 있는 것 사이의 연결이 고정된 도식보다는 오히려 담론적 규칙성들에 의해 확정된다. 이와 비슷하게, 영화 연구에서 메츠Christian Metz의 기호론semiology에 반대하면서, 들뢰즈는 단어들과 사물들 혹은 담론과 광경vision을 연결하는 기술 전체를 발견한다. 이는 회화에서 형상과 담론 사이의 관계들이 재현 도식에 의해 확정되기보다는 가변적 "절차들"을 통해 얻어지는 것과 마찬가지다. 바로 이런 식으로 영화나 회화의 "의미"는 코드의 문제가 아니다.

"절차"는 울프슨Louis Wolfson의 분열증적 세계에 대한 들뢰즈의 분석을 위해 푸코가 사용한 단어다.[40] 그것은 「필경사 바틀비」에서 멜빌의 공식인 "안 하는 편이 더 좋겠네요"I would prefer not to를 위해 들

---

40 Michel Foucault, *Dis et Ecrits*, p. x.

뢰즈 자신이 사용한 단어다. 따라서 들뢰즈의 기호학에서 "기호들"
은 코드들이나 코드화된 기호들에 의해 아직 규정되지 않은, 즉 불
화하는 우주를 위한 "절차들"이라고 생각할 수 있다. 그래서 기호들
은 들뢰즈가 종종 "실험적"이라고 부르는 특이한 종류의 "기술들" 또
는 "도구들"이다. 절차를 이해하려면, 형상과 질료, 따라서 단어와 이
미지를 연계하는 테크네techne라는 플라톤적 이미지를 제거할 필요
가 있다. 왜냐하면 우리는 대상이 주체에게 재현되는 공통의 Sinn[=
통념]으로 환원될 수 없는 다른 의미를 갖는 절차들과 기술들을 통해
우리 자신을 형성하기 때문이다. 들뢰즈의 생각에, 더 일반적으로는
우리는 도구를 그것이 우리 또는 우리의 존재 양태들과 함께 가담하
는 더 넓고 더 느슨한 "배치체"assemblages의 견지에서 이해할 필요가
있다. 그래서 초기 물질문화에 관한 르루아구랑Leroi-Gouhran의 작업
을 따라, 들뢰즈는 도구와 도구가 속하는 "문"phylums의 일종의 진화
가 이 느슨한 의미를 포함한다고 상상하며(가령, 원시적인 장치를 무
기나 도구로 여겼을까?), "소수 과학들" 혹은 예술적 절차들이나 허구
들을 통한 규정들을 참작한다.[41] 그래서 기계적 배치체들의 "의미"나
"논리"가 현행 기계론들의 작동과는 구별된다고 말할 수 있다. 특히
들뢰즈는 이것이 정보적 혹은 컴퓨터적 "문"에도 해당한다고 생각하
는데, 오늘날 그것의 의미나 논리는 기계적인 것의 의미나 논리를 대

---

41 야금술의 예는 MP, pp. 502 이하를 보라. 그리고 도구의 "의미"는 오직 그것이 가담하는 더
   넓은 (사회적) "배치체"에서 발견된다는 원리에 대해서는 pp. 495 이하를 보라. 그 원리는, 들
   뢰즈가 PP, pp. 237과 244 이하에서 말하는 것처럼, 특히 전자-정보적 유형의 기계에 적용된
   다. 따라서 우리의 다양한 "배치체들"의 진화 속 "문들"을 도구들의 유형들과 구별할 수 있다.

신하는 경향이 있다. 컴퓨터가 있을 때, 혹은 정보적 배치체들의 시대에, 생각한다는 것의 문제를 생각 혹은 인지의 컴퓨터적 모델과 혼동하지 말아야 한다. 그것은 오히려 이 다른 의미의 견지에서 생각하는 문제며, 그것이 허용하는 더 "실험적인" 절차들, 즉 다른 비컴퓨터적인 종류의 논리적 혹은 "추상적인 기계들"의 문제다. 그래서 들뢰즈는 정보 혹은 생명공학적 문들이 예전에 "기계"나 "기술"의 의미를 이해할 수 있게 해 주었던 '인간'이나 '신'의 관념에 더는 묶여 있지 않은 새로운 가능성들을 제공할 수 있다고 시사한다.[42]

7.

"생각하는 기계" 혹은 "정신적 자동기계"spiritual automaton란 무엇일까? 어떤 의미에서는, 이것은 가령 고대의 윤리적 혹은 실천적 사고를 "자기의 기술"의 견지에서 재구성하려는 푸코의 시도가 시사한 것처럼, 매우 오래된 문제다. 하지만 튜링Alan Turing은 어떤 방법을 써서라도 유한한 수의 단계로 계산될 수 있는 것에 대한 이론을 진척시키면서 그 문제에 새로운 추진력을 주었다. 그는 마음을 컴퓨터 프로그램으로 그려 보기 시작하게 해 주었다. 그것은 오늘날 우리 뇌의 배선은 능력이나 재능의 다원주의와 결합한다는 일종의 "인지 신경과학"을 탄생시켰다. 물론 생각과 삶의 관계에 대한 들뢰즈의 상은 그런 인지의 다원주의와 매우 다르다. 차이는 생각이 삶과 연관되는 방

---

42 F, pp. 139~141.

식에서의 "절차"와 "기술"의 문제에서 드러난다. 들뢰즈에게 생각하기의 의미와 논리는 컴퓨터적이지 않으며, 그래서 그는 생각의 "기계"에 대한 다른 관점을 발전시켰다. 그가 "추상적인 기계"라고 부르는 것은 튜링 머신이 아니다. 그것은 다른 식으로 작동하며, 우리의 몸과 뇌, 또는 언젠가 그가 "체험된 뇌"라고 부른 것과 다른 관계를 맺는다. 추상적인 기계는 오히려 컴퓨터나 컴퓨터 계산이 당연히 우리와 함께 가담하는 "배치체의 도해"다.

"강한 인공지능"(마음은 뇌의 컴퓨터 프로그램에 불과하다는 관점)에 대한 철학적 반대는 정신 작용의 의미를 정신 작용의 컴퓨터 시뮬레이션과 구별한다. 그러나 이 의미를 밝히면서, 그 반대는 종종 우리 자신과 우리 세계에 대한 다소 현상학적인 관점들에 의지한다. 들뢰즈는 그런 가정을 넘어서려 한다. 가령 형태 심리학적 관점과 대조하여, 그는 뇌를 불확실하고 미규정적인 우주에서 작동하고 있다고 보는데, 베르그손의 이론은 거기에 안성맞춤이다. 그 이론에서 문제는 의식의 문제가 아니었으며, 오히려 경험적 시간의 이어짐 및 심리적 기억과 단절하는 그런 종류의 "지속"이 가능하려면 뇌란 무엇이어야 하는가의 문제였다.[43] 하지만 베르그손의 아이디어는 정보의 자동성보다 기계적이고 기계론적인 "자동성"의 "의미"와 관련한 작업이었고, 그래서 다음 문제가 발생한다. 즉, 베르그손은 신경 경로의

---

43 QP, pp. 196 이하에서, 들뢰즈는 대상에 대한 고전적인 "재인지의 논리"에서 벗어날 뿐 아니라, 그에 반대했던 형태 심리학과 현상학의 관점에서도 벗어나는 뇌의 관념을 스케치한다. 오히려 "대상화할 수 없는" 뇌를 보여 주어야 하는데, 그것의 조건은 아마도 미시생물학을 통해 밝혀질 수 있을 것이다.

반사궁反射弓에 종속되지 않고, 자극과 반응의 틈에 어떤 "자동" 반응도 없는 일종의 봄seeing을 도입할 수 있는 뇌에 대한 관점을 제안했는데, 이때 그가 "기계적인 것"에 대해 했던 것을 우리가 "인지적인 것"에 대해 할 수 있을까? 만 레이, 자리, 팅겔리는 기계화된 작동들에 앞서는 시간과 공간의 의미를 드러내려고 낯선 절차를 발명했는데, 그들이 기계적 장치들에 대해 했던 것을 우리가 디지털 장치들에 대해 할 수 있을까?[44] 이렇게 해서 우리는 "추상적인 기계들"의 문제에 다가간다.

그 문제는 이미 고전 철학에서 기계론과 마음의 문제에서 발견된 바 있다. 라메트리Julien Offroy de Lamettrie뿐 아니라 데카르트의 관점에서도, "사고" 및 사고와 몸의 관계는 일종의 자동기계처럼 보였다. 들뢰즈는 라이프니츠와 스피노자에서 데카르트의 대안을 발견한다. 실로 그것은 마음과 몸을 그 각각의 정의에 앞선 삶의 무언가의, 정말이지 자연과 인공의 구분에 앞선 무언가의 두 "표현"으로 본다. 그래서 스피노자의 "평행론"이라고 불리게 된 것에서, 들뢰즈는 선先술어적인 그리고and의 논리를 발견한다. 그것은 마음과 몸의 "실천 철학"의 논리로, 거기서 마음은 데카르트의 의지처럼 몸 "위에" 있으면서 명령을 주고받기보다 몸과 "함께" 나아간다.[45] 그래서 "정신적 자동기계"의 문제는, 우리 각각이 몸과 마음에서 특정 **코나투스**conatus

---

44 "Bilan-programme", AO, pp. 463 이하를 보라. 자리와 하이데거에 대해서는 또한 CC, pp. 121 이하를 보라.

45 D, pp. 59 이하를 보라.

혹은 욕망으로 표현하는 "독자적 본질"을 어떻게 다룰 것인가가 된다. 그것이 바로 들뢰즈가 훗날 "욕망 기계"라는 과타리의 논의를 채택하며 발전시키려 한 그런 종류의 문제다. 욕망 기계는 "건설"을 통해, 들뢰즈의 "의미의 논리"의 연결들 혹은 종합들을 통해 "삶을 표현하는" 기계다. 따라서 욕망 기계는 기계론이 아니며, 기계론이나 기계론적 "자동성"과의 유비 속에서 이해되면 안 된다. 욕망 기계는 다른 논리와 의미로 "자르고 연결하며", 파괴되거나 실패하고 그다음엔 다시 시작하며 작동한다. 그러나 우리 각각이자 함께인 "욕망 기계"가 기계론이 아니지만(기계론과 같지도 않지만), 그것은 적자생존을 통해 연마된, 시험 가능한 기법들의 유전적으로 주어진 인지 프로그램과도 같지 않다. 욕망 기계는 튜링 기계가 아니다. 실제 우리는 튜링의 물음을 우회해서, 욕망 기계의 작동들에, 혹은 욕망 기계가 건설하는 더 넓고 더 느슨한 배치체들에 튜링 기계가 어떻게 가담하는지 물을 필요가 있다. 들뢰즈는 영화 연구의 마지막 몇 대목에서 이 물음과 비슷한 어떤 것에 다가간다. 거기서 들뢰즈는 근대 사회의 이미지들과 기호들에서 자연이 정보로 대체되는 점을 논의한 바 있다. 영화에서 "운동"과 "시간"의 문제는 대체로 "기계적" 의미(가령 프리츠 랑Fritz Lang의 의미) 안에서 작동했으며, "정보적" 의미의 문제는 큐브릭Stanley Kubrick, 고다르, 지버베르크Hans-Jürgen Syberberg에 의해 정식화되었다. 따라서 우리가 영화 자체를 일종의 "정신적 자동기계"나 "심리-기계학"으로 생각한다면, 우리는 순수 논리 기계에 대한 아이디어가 피에르 자네Pierre Janet에 의해 분석된 것과 같은 종류의 그 아이디어에 상응하는 "심리적 자동성"을 항상 동반해 왔다는 것을 알고 있다. 왜냐하면 자체로 또는 내적으로 완전히 질서 잡힌 마음이나 사고라는 관념은 그것이 "바깥"과 맺는 관계가 소거되었을 때만 유의미하기 때문이다. 사실 생각하기는 결코 이런 식으로 "자동적"이지 않다. 반대로 그것은 발작적으로 작동하며, 생각을 뒤흔들고 새롭게 생각하도록 강요하는 예견할 수 없는 "충격들"과 관련해 작동한다. 영화에서 "시간-이미지"가 우리에게 보여 주는 것이 바로 그런 사고의 (또한 몸과 뇌의) 작용들이다. 생각이 "기계"라면, 그것은 몸과 뇌에서 표현될 때 바깥과 관련을 맺는 논리를 갖는 기계다. 따라서 문제는 자연을 정보로 대체하는 경향이 있는 세계에서 그것의 작동을 어떻게 다시 발명할 것인가다. 왜냐하면 완전히 새로운 종류의 마음(특히 눈의) 훈련은 이 새로운 배치체와 함께 가며, 사고가 전투해야 하고 벗어나야 하는 일종의 정보적 혹은 소통적 "어리석음"에 이르기 때문이다. 왜냐하면 생각은 분기들과 복합들을 제한하거나 봉쇄하는 권력들에 항상 대항하기 때문이다. 그것은 항상 다른 종류의 권력들을, potestas보다는 potentia를, pouvoirs보다는 puissances를 다룬다.[46]

8.

프레게는 "사고 법칙들"의 논리가 있었다. 이와는 대조적으로, 들뢰즈는 스피노자와 관련해 사고 역량(즉 *puissances*)이라고 부르는 것의 논리를 추구했다고 말할 수 있다. 그런 역량들은 특유한 것들이다. 우

---

46 [옮긴이] 라틴어 potestas는 프랑스어 pouvoir로, potentia는 puissance로 번역된다. 전자는 현실적으로 발현된 권력을, 후자는 잠재에서 현행까지 아우르는 역량을 가리킨다.

선 그것들은 블랑쇼가 **무능력**impouvoir이라 부른 것, 즉 생각이 요구하며 생각이 결코 완전히 극복하지 못하는 "무능력"과 같은 무언가를 포함한다. 따라서 "사고 역량들"을 획득한다는 것은 사고를 뒤흔들고 복잡하게 하며 그 규칙을 개정하는 무언가와의 만남을 통해 자신의 철학적 자기 과신이나 태도를 상실한다는 것이다. 가령 카프카에서 "불가능한 것"의 유머는, 모든 것을 논리적으로 필연적인 것이 되게 하는 프레게의 언명-표기법assertion-stroke의 급진적 자유와는 매우 다른 종류의 기능을 갖는다. 들뢰즈는 자신의 논리에서 다른 경험에 대해, 가능, 불가능, 필연에 대한 다른 착상을 논의한다. **역량**puissances 은 **권력**pouvoir과는 다른 논리를, 다른 "양상"이나 "시간성"을 갖는다.

들뢰즈는 아리스토텔레스가 이를테면 힘의 관념을 "사고 법칙들"의 논리에 가두는 경향이 있었다고 생각한다. 아리스토텔레스의 더 넓은 범주 도식 혹은 형이상학 안에서 **잠재태**dynamis는 **활동태** energeia에, **잠재성**potentia은 **현실성**actualis에 연계되어 있었는데, 결국은 힘의 관념을 무에서의 창조라는 기독교 신학 안에 통합시키려는 시도에 난점을 발생시켰다. 들뢰즈는 그런 범주들이나 그것에 기초해 만들어진 법칙들에 앞서며, 새로움을 발생시킬 능력이 있는 화이트헤드의 "창조성"의 우주론을 선호한다. 이 아이디어는 들뢰즈에게 라이프니츠의 변신론에 대한 하나의 관점을 준다. 들뢰즈는 아리스토텔레스의 우발적 미래라는 문제와 라이프니츠가 그걸 통해 만든 새로운 용법에 이끌렸다. 이런 식으로 우리는 "힘" 관념이 "잠재성"의 관념 쪽으로 굴절하는 것을 보기 시작하며, 후자는 나중에 들뢰즈가 베르그손으로부터 취하고 프루스트에서 발견한 것이다. 시간이나 시간성에 대한 착상이 바뀜으로써 결국 "역량"이라는 관념이 질료 형상 도식에서 벗어나, 종들과 유들의 그물 사이를 지나가면서, 모든 합목적성에서 해방되어 현행화하는 낯선 생성들을 발견하게 된다. 그래서 우리는 라이프니츠의 가능 세계들의 피라미드 대신 보르헤스의 영원히 두 갈래 길로 갈라지는 미로와 더 닮은 무언가를 갖는다. 라이프니츠는 최선의 세계는 "조화로우"며 가장 단순한 법칙들을 위한 최대치의 다양성을 허용한다고 생각했다. 그러나 우리는 차이들을 한데 모으는 "불협화음"dissonance의 가능성이라는 견지에서 이 조화를 보아야 한다. 들뢰즈는 도시 속에 있는 많은 도시와 항상 또 다른 도시라고 어디선가 적었다.[47] 그럴 때만 최선의 세계는 가장 큰 잠재성을 갖는 세계라는 라이프니츠의 원리의 온 힘을 볼 수 있다. 그럴 때만 그 아이디어를 끈질긴 바로크 구원론(라이프니츠에서 구원된 자와 저주받은 자의 문제를 통해 나타나는)에서 해방할 수 있고, 실험과 발명이라는 "화행론적" 문제로 만들 수 있다. "힘"power의 관념이 아리스토텔레스식 범주들이나 법칙들의 실현에서 해방되고 시간 속에 이미 주어진 "운동"으로 환원될 수 없는 다양하거나 복잡한 시간 혹

---

47 LS, pp. 203 이하. 들뢰즈는 라이프니츠의 모나드적 관점주의(perspectivism)가 한 도시에 대한 서로 다른 관점들처럼, 수렴을 전제한다고 말한다. 반대로 니체의 관점주의에는 오히려 "발산"이 있으며, 각 관점은 차이들을 통해 다른 도시들과 연계된 하나의 도시와도 같아서, "항상 도시 속에 또 다른 도시"가 있게 된다. 마찬가지로, 라이프니츠의 "창 없는" 모나드들과 달리 화이트헤드의 "파악"(prehension)은 말하자면 모두가 창문이다. 『주름』에서 들뢰즈는 모나드를, 밤에 고속도로에서 서행하면서 세상을 밝게 보려고 헤드라이트만 켜고 가는 승용차의 최소 시각(minimalist vision)에 비유한다.

[옮긴이] 니체는 '관점주의'라는 개념을 쓰지 않는다. 그 개념은 니체에게 있다고 외삽된 것일 뿐이므로, 이 주석의 문장은 적절히 교정되어야 한다.

은 시간성의 문제가 될 때, 그것은 사고, 사고의 논리 및 활동과 새로운 관계를 획득한다. 그것은 들뢰즈가 "사고가 일어나는 시간"the time that takes thought이라 부르는 것의 문제가 된다. 사고 법칙들의 문제를 대신해서 사고 역량들, 사고 속 역량들을 **긍정**하는 문제를 발견한다. 왜냐하면 "삶을 긍정"한다는 것은 삶에 대한 명제나 테제를 긍정하는 것이 아니라, 반대로 생각의 비언명적 스타일에 참여한다는 것이며, 따라서 긍정한다는 것은 짐을 덜어 주거나 "가볍게 해 주는" 것, 다른 가능성의 "결백"을 획득한다는 것이기 때문이다.

그래서 들뢰즈의 논리는 "정당화된 믿음" 혹은 "보증된 단언 가능성"의 논리가 아니다. 제임스에게 그랬던 것처럼, 그것은 믿음의 문제를 지식 혹은 신앙의 확신 너머로 밀고 가서 들뢰즈가 "세계에 대한 믿음"이라고 부르는 것에 이르는 문제에 더 가깝다. 이미 그 문제는 데카르트적 확실성을 개연적 믿음으로 대체하고 개연적 믿음을 종교에 앞서는 자아와 세계의 의미에 연결하려 했던 흄의 시도에서 제기된 바 있다. 왜냐하면 이런 식으로 흄은 "경험론적 개종"의 문제를 미리 지적했기 때문이다. 들뢰즈는 나중에 이 문제를 키르케고르 (개신교에서)와 페기(가톨릭에서)에서 발견하는데, 파스칼도 그렇고 이들은 신을 믿는 것의 문제를 믿는 자와 믿지 않는 자의 실존 양태라는 문제로 대체했다.[48] 왜냐하면 믿음의 문제는 일차적으로 명제들을

---

48 DR, pp. 126 이하. QP, pp. 71~73을 보라. 거기서 들뢰즈는 오늘날 우리의 문제는 세계에 대한 우리의 믿음을 다시 복원하기 위해 "경험론적 개종"을 위해 새 인물상을 발명하는 것이라고 말한다.

단언하고 부정하는 것도 아니고, 그렇게 할 때 필요한 정당성의 문제도 아니기 때문이다. 믿음을 위해 사용되는 "신용" 언어가 시사하듯, "신용"이나 "신뢰"가 문제다. 가령 이런 의미에서, 들뢰즈는 미국 프래그머티즘에서 흥미로운 것은 그 어떤 구원론에도 종속되지 않는 "신뢰와 진실"의 문제를 도입하려는 시도라고 말한다. 그래서 그것은 생각에 대한 상에서 판사의 형상을 실험자의 형상으로 대체한 것이다. 이 실험자는 결코 주어지거나 "조건 지어지지" 않고 오히려 만들어지고 있는 세계 및 자아와 관련해서 움직이기 시작한다.[49] 그렇다면 지식이나 신앙 없이, 참이라고 "주장된" 학설이나 명제들에도 앞서며, 세계를 "신용"하거나 "신뢰"한다는 것은 무슨 뜻일까? 한 가지 방식은 부정의 견지에서, 즉 그런 신뢰를 잃는다는 것이 무슨 의미인지 보는 것이다. 그리하여 들뢰즈가 발견했듯이, 니체뿐 아니라 소설에서 프래그머티즘의 원형인 멜빌이나 영화에서 오슨 웰스Orson Welles에 의해 극화된 방식으로 세계와 우리 자신이 "위조"로 나타난다는 것을 우리는 발견한다.[50] "니힐리즘"은 니체가 이 상태에 붙인 이름으로, 이것의 견지에서 "긍정" 혹은 "예"라고 하기의 문제가 정해질 것이다.

---

49 CC, pp. 111 이하에서, 들뢰즈는 진실이 가능하려면 어떤 인간 공동체가 있어야 하는가에 관해 프래그머티즘이 제기하는 문제는 근본적으로 진실과 신뢰의 문제라고 말한다. 윌리엄 제임스의 *"confiance"*(신뢰, 신용)라는 프래그머티즘의 주제는 Lapoujade, *William James: Empirisme et pragmatisme*에 의해 다듬어졌다.

50 니체, 멜빌, 웰스에서 어떤 사람이 무엇이 참이고 거짓인지, 무엇이 진짜고 가짜인지 미리 규정할 수 없는 채로 믿어야 하는 저 상황에서 "위조자"의 모습에 대해서는, CC, pp. 173 이하를 보라. 차라투스트라의 극중 인물상 사이에서 그런 "위조"의 역할 및 그것과 니힐리즘과의 관계에 대해서는, "Nietzsche", PI를 보라.

다시 말해, 긍정은 단언할 수 있게 "보증된" 것을 넘어 세계와 세계에서 벌어질 일에 대한 믿음이나 신뢰를 요구한다. 『차이와 반복』에서 들뢰즈는 미래와의, 즉 "미래의 믿음, 미래에 대한 믿음"과의 근원적 관계라는 견지에서 그 문제를 제시한다.[51] 도래할 것의 이런 의미, 즉 영원한 것이나 덧없는 것이기보다 오히려 반시대적인 것의 이런 의미를 우리 자신과 우리 세계에 대한 우리의 관점에 도입하는 것이 문제다. 페기나 키르케고르한테 잔존하는 신비적·종교적 사고에서 이 시간 혹은 이 시간에 대한 믿음을 구해 내고, 대신 그것을 즉시 "세상의 것" 혹은 실험적인 것으로 만드는 것이 문제다. 이런 것이 들뢰즈의 다양체의 논리가 삶의 긍정과 분리될 수 없게 되는 지점이다.

---

51 DR, p. 122.

5장 삶

1.

다양체는 단지 논리적 문제가 아니라 실천적 문제, 화행론적 문제기도 하다. 우리가 만들거나 행해야 하는, 그리고 행함으로써 알아야 하는 그 무엇 말이다. "다양, 그것을 만들어야 한다." 들뢰즈와 과타리는 『천 개의 고원』 도입부에서 선언한다.[1] sens의 "화행론"이 있는데, 이것을 위해 들뢰즈는 지시indexicals, 수행performatives, 가정presuppositions에 대한 통상 연구의 논리와 아주 다른 논리를 제안했다. 흑인 영어같은 "소수 언어"의 정치학이 훌륭한 예가 된다. 왜냐하면 화행론은 sens의 요소가 공적인 Sinn에서 해방되는 바로 그때 언어의 본원적 차원으로 등장하기 때문이다. 가령 "소수 언어"를 발명하기 위해서는 표준어의 "다수파" 모델에 뿌리를 둔 공公과 사私의 관념에서 빠져나

---

1 MP, p. 13.

와야 한다. 이와 반대로 언어학에서 화행론은 표준화된 통사론, 구조, 또는 논리에 사로잡힌 채로 있다. 우리 유전자에 의해 우리의 뇌에 공급된 "언어능력"competence의 "수행"performance이라는 문제 말이다.[2] "다양의 화행론"에 의해 제기되는 문제는 이렇다. 우리의 뇌가 새로운 비표준적 방식으로 말할 수 있도록 항상 다시 만들어질 수 있다면, 그건 과연 무엇이어야 할까.

"소수 언어"의 화행론은 들뢰즈에서 더 넓은 "실천 철학"에 속한다. 왜냐하면 우리가 만들려는 다양체들은 주어진 사회 집단은 물론 개인으로서의 우리보다 앞서 존재하기 때문이다. 다양체들은 사회가 우리를 나누는 "그램분자적" 방식보다 앞서며, "인물들"이나 "주체들"이라는 우리의 관념들보다 앞선다. 다시 말해, 다양체라는 아이디어(그리고 그것이 현실화되거나 발명되는 시간)는 우리 자신, 우리 세계, 우리가 형성하는 서로 다른 "민족들" 등의 착상 자체에 도입되어야 하며, 그럴 때라야 우리는 "실천적 문제"로서의 온 힘을 볼 수 있다. 동일성보다는 다양체의 견지에서 생각하는 것, 그리고 다양체를 만들거나 건설하는 것, 그것은 인물, 행위, 믿음 등의 실천적 개념들의 범위를 다시 생각하라고 요구한다. 그래야만 우리는 생각을 요구하고 생각이 개입하는 저 문제화하는 계기들을 둘러싼 들뢰즈의 실천 철학의 기본 원리들을 이해할 수 있다. 저 문제의 시간에 대해서는 그

---

2 MP, pp. 95 이하. [옮긴이] '언어능력'과 '수행'이라는 개념은 촘스키 언어학의 기본 개념이다.

어떤 자동적 혹은 습관적인 응답도, 준비된 프로그램이나 계획도, 심지어 승인된 언어나 기술記述 및 판단도 미리 존재하지 않아서, 그것을 보려면 실험해야 하고 우리 자신과 실험해야 한다. 그럴 때라야 우리는 우리에게 일어나고 있는 것, 따라서 일어났거나 머잖아 일어날 것 안에서, "무언가에 귀속시킬 수 없는" 새로운 것을 볼 수 있고 생각할 수 있게 만든다는 실천적 문제를 볼 수 있다. 왜냐하면 스피노자도 그랬지만 들뢰즈에게 논리의 문제("다양체란 무엇인가?")는 삶의 "실천적" 문제("어떻게 다양체를 만들 것인가"), 따라서 정치적 문제, "도시"의 문제가 된다.[3]

우리 자신과 서로를 "다양"하다고, 혹은 "다양체로 구성되어 있다"고 생각하는 것은 우리가 많은 또렷한 동일성이나 자아(인격, 뇌의 모듈 등)를 지녔다고 상상하는 것이 아니다. 반대로 그것은 우리 자신을 동일성과 동일시의 견지에서, 혹은 설사 다수거나 "분열"되어 있을지라도 또렷한 인격이나 자아라고 이해하는 데서 벗어나는 것이다. 이 말인즉슨, 우리는 어떤 "순수한" 종, 인종, 심지어 젠더로 전적으로 나뉘지 않으며, 우리의 삶은 사실 그런 어떤 순수한 계급이나 유형의 "개인화"로 환원될 수 없다. 따라서 우리 각자는 동일시나 재인지라는 "다수파" 기준이나 모델이기 전에 우리의 "소수자", 우리의 "생성"을 지니듯, 또렷한 종 혹은 지층 혹은 계급에 들어맞기 전에 우리는 일종의 불특정 군중 혹은 "다중"[4]을 구성한다. 다양체는 잡

---

3 스피노자가 "공통지"라 부른 것은 들뢰즈에서 추상적인 보편자와 혼동되어서는 안 된다. 오히려 그것은 "실천적 관념"이며, 그것이 『에티카』를 일종의 삶의 실험술로 전환한다.

다함이 아니며, 다양체를 만드는 일은 '삶'에 대한 또 다른 착상을 요구한다. 마치 우리의 인격과 동일성이라는 "제2의 천성" 아래에서 우리를 독자적 존재로 만드는 것을 없애 버리지 않으면서도 우리를 한데 모을 수 있는 선행하는 잠재적 '삶'이 있기라도 한 것 같다. 그래서 들뢰즈가 경탄하는 것은 뒤르켐의 "총체적인 사회적 사실" 및 거기에 속하지 않는 것의 "아노미"에 대립해 "전前개체적" 차이들을 탐구한 사회학자 가브리엘 타르드Gabriel Tarde, 혹은 엘리아스 카네티Elias Canetti가 "무리" 개념을 "군중" 및 "군중 심리학"에 대립시킨 방식이다.[5] 더 일반적으로 들뢰즈는 다양체 관념으로써 개인과 사회, **공동체**Gemeinschaft와 **사회**Gesellschaft, 현대성과 전통의 구분에 기초한 사회학에서 벗어나 다른 종류의 문제를 제기하려 한다. "군중"보다 "무리"를 형성하는 것, 그램분자적 혹은 다수파적 동일성만 있는 곳에서 "차이들"을 만드는 것, 불특정 다중인 우리 자신 안에서 잠재력들을 현행화하는 것, 이 각 경우에 문제는 상상적이건 상징적이건 동일성이나 동일시에 종속되지 않는, 심지어 계급의 자기 인정에도 종속되

---

4 Antonio Negri, *Savage Anomaly: Power of Spinoza's Metaphysics and Politics*(trans. M. Hardt, Minnesota, 1991)에서 안토니오 네그리는 그런 노선을 따라 "다중" 개념을 다듬는다.

5 들뢰즈는 가브리엘 타르드를 "미시 사회학"의 발명자로 여긴다(DR, p. 104, 주1). "미시"라는 관념은 계급에 앞서는 "대중"(또는 "다중")이라는 관념을 전제하며, 변증법적 혹은 헤겔-마르크스적 논리보다 라이프니츠적 논리를 요구한다. 이 점은 푸코가 "미시 정치학" 혹은 훗날 "주체화" 과정에 대해 논의할 때도 마찬가지다. 특히 도시에서 "대중"의 운동에서 카네티가 구별한 "무리"와 "군중"에 대해서는 MP, pp. 46 이하를 볼 것. 더 일반적으로, 들뢰즈에게 한 사회는 계급 모순에 의해서가 아니라 아직 또렷한 계급으로 나뉘지 않은 "다중"의 잠재력을 드러내 주는 "도주선"에 의해 정의된다. 지난 세기 도시 "프롤레타리아"의 주체화의 선들과 그 선들이 도입한 문제화가 그 예다.

지 않는 방식으로 우리가 우리 자신 및 서로와 관계 맺는 공간과 시간 안에 배치체들(즉 *agencements*)을 창조하는 일이다.

따라서 다양체는 들뢰즈를 새로운 정치적 문제로, 혹은 오히려 "정치적인 것"의 문제를 제기하는 새로운 방식으로 이끈다. 우리는 정치 체제(민주 정권을 포함해서)를 그것이 "다양체" 및 그것의 "개체화"를, 즉 "삶"의 시간을 허용하는 공간의 견지에서 판단해야 한다. 하지만 이렇게 하려면 우리는 선행하는 혹은 미래의 공화국의 시공간, 또는 근원적인 계약의 시공간과는 다른 견지에서 정치의 시공간을, "또 다른 정치, 또 다른 개체화, 또 다른 시간"을 다시 생각해 볼 필요가 있다.[6] 그리하여 『영화 2』에서 들뢰즈는 대중이 당 안에서 자의식을 갖게 되는 운동의 문제가 지식인들에 의해 더는 "대표"될 수 없는 소수자들의 시공간의 문제로 대체되는 과정을 묘사한다. 자신을 그런 생성의 일부로 변형해야 하는 것은 오히려 지식인 자신이다.[7] 이 새로운 문제와 더불어, 가령 더 예전에 카프카의 프라하에서 "소수 문학"이 그린 지리에서 그러했듯, 전후 유럽 도시에서 시공간의 지도를 그리는 새로운 방식이 뒤따라 나온다.[8] 더 일반적으로 들뢰즈는 다양

---

6 D, pp. 125~126. 이 절은 수정된 형태로 MP, pp. 254 이하에 다시 도입된다. 정치에서 "또 다른 시간"의 문제는 잠재력 혹은 또는 가능성의 문제다. François Zourabichvili, "Deleuze et le possible (de l'involontarisme en politique)", *Gilles Deleuze: une vie philosophique* (Institut Synthelabo, PUF, 1998), pp. 335 이하를 볼 것. 그것은 새로운 힘들의 "개체화"의 도해와 진단의 문제다. 이런 의미에서 정치는 그 어떤 선행하는 이론이나 과학도 없는 것과 벌이는 실험의 문제가 된다.

7 C2, pp. 281 이하.

8 K, pp. 29 이하.

체와 다양체의 시간의 문제가 근본적으로 도시의 문제, 즉 뇌와 도시의 문제인 양, "도시"를 정치적인 것에 대한 전통적 관념 속의 "국가"와 대립시킨다.[9] 그리하여 위대한 산업 예술인 영화는 들뢰즈가 니체의 "기쁜 앎"을 하이데거의 반反도시적인 검은 숲은 물론 알프스의 풍경에서도 데려 나와 그 대신 도시의 예술로, 도시의 고안물과 도시의 "현대성"의 예술로 전환하는 데 도움을 준다.[10] 이미 우리는 프루스트에서 19세기 파리의 지층화 혹은 절편성에서 벗어나 성과 젠더라는 "거친 통계적 범주"에도 선행하는 도래할 민족의 "복합된 시간"이 출현하는 것을 본다.[11] 왜냐하면 우리의 삶을 구성하는 "선들"은 항상 한 사회가 분류하려 하는 다소 견고한 "분절들"보다 항상 더 복잡하고 더 자유로우며, 그래서 그 선들은 삶의 다른 공간과 다른 시간을 그리거나 "도해"하는 데 이용될 수 있기 때문이다.

2.

그러므로 "다양체 만들기" 혹은 "다양체 건설하기"의 문제는 삶의 문제다. 들뢰즈가 표현한 바 있듯이, 부정관사가 붙은indefinite "하나의 삶"a life의 문제 말이다.[12] 하지만 그런 하나의 삶은 그에 대응되는 개인의 "삶"the life과 혼동되면 안 된다. 그것은 우리를 특정한 개인으로

---

9 도시와 국가의 관계에 대해서는 MP, pp. 539 이하를 볼 것. 그 관계는 이번에는 MP, pp. 558 이하에서 폭력의 문제와 연관된다.
10 근대 독일 철학의 형성에서 "충분히 탈영토화한 도시"의 결핍에 대해서는 QP, p. 99를 볼 것.
11 MP, p. 32.
12 "Immanence: a life", PI를 볼 것.

특정하는 것을 넘어서는 잠재력 혹은 잠재성이다. 그래서 우리는 결코 충분히 "구성"되거나 "완성된" 개인이 아니며, 우리 서로의 관계는 결국 우리의 삶이 나뉘어 들어가는 절편들을 통과할 것이다. 들뢰즈에게는 그것이 흄이 정식화한 "주체성의 문제"의 힘이다. 우리의 자아나 "정체성"은 결코 주어진 것이 아니며, 실로 우리가 생각하는 "자아"라는 관념 자체가 일종의 철학적 허구다. 따라서 다양체 및 그것의 현행화의 시간과 우리가 맺는 관계는, 로크가 "의식"을 규정하려 하면서 사용한 "인격적 동일성"과 기억 사이의 연결과는 매우 다른 종류의 관계다.[13] 실제로 『영화 2』에서 "시간-이미지"의 문제는, 다양체의 시간이 심리적 기억 및 선형 인과성 둘 다에서 해방되고 그리하여 "의식"에서 해방되는 바로 그때, 어떻게 다양체가 우리의 삶에 등장하는지를 보여 주는 일이다. 그래서 우리는 의식적 동일성이나 동일시와 맺는 관계와 아주 다른 방식으로 다양체와 관련을 맺으면서 서 있거나 "운동한다". 비록 다양체가 우리를 "자아"나 "인격"에서 빼낸다 해도, 다른 의미에서 다양체는 우리에게 혹은 우리에 대해 가장 특유한 것이다. 왜냐하면 "하나의 삶"은 항상 독자적이기 때문이다. 그것은 "전개체적"이거나 "개체 하부의" "독자성"들로 이루어져 있

---

13 에티엔 발리바르(Étienne Balibar)는 "의식의 발명"을 데카르트보다 로크의 공으로 돌린다 (John Locke, *Identité et différence*, Seuil, 1998, 발리바르의 서문). 그러면 들뢰즈의 "무의식"은 로크의 인격 또는 자아와 대조해서, 가령 영화의 "시간-이미지"가 한 인물 혹은 행위자의 의식적 기억과 경험적 연쇄에서 벗어나 "등장인물"(=캐릭터)이라는 관념에 다른 "비인물적" 놀이를 도입하는 선들을 따라 이해될 수 있다. 로티도 프래그머티즘을 고전적인 "관념의 장막"과 대조해서 보자고 제안하지만, 들뢰즈가 "다양체의 프래그머티즘"에서 착상하는 종류의 "비인물적 무의식"에 도달하지는 못한다.

으며, 그래서 이것들은 영어 "it's raining"의 "it"처럼 비인물적이며 삶의 독자성의 조건인 판 혹은 "면"에서 다른 독자성들과 연계되어 있다. 다양체는 구성된 자아나 의식적 인격으로서의 우리에 항상 앞선다. 다양체와 그것의 다른 가능성은 우리가 서로에게 타인 혹은 **타자** autrui[14]라고 표현하는 것이다. 그래서 가령 우리의 삶에서 새로운 길을 열거나 새로운 선을 스케치하려면 항상 "중재자"가 필요하다.[15] 우리의 삶은 단정이나 개인화의 다른 세계를 위한 그런 잠재력을 포함할 수 있을 정도로, 그래서 결코 충분히 "설명되지" 않은 타자들과의 복합에 돌입할 수 있을 정도로 충분히 불특정하거나 모호해야 한다. 따라서 "하나의 삶"의 모호함은 교정되어야 할 결함이 아니라 오히려 다른 가능성들, 우리의 연결들의 원천 혹은 비축분이다. 실로 그것이 모호하거나 특정되지 않았다는 바로 그 이유로, "하나의 삶"은 잠재적으로 우리에 대해 가장 특유하거나 독자적인 것이며, 스피노자의 용어로 우리를 "독자적 본질"로 만드는 것이다. 따라서 "우리에 대해 개별적"이지 않으면서 "우리에게 특유한 것"은 인물적이거나 의식적인 그 무엇이 아니며, 반대로 우리의 존재 및 함께 존재하기 속에서 무언가에 귀속될 수 없고 예측할 수 없는 그 무엇이다.

---

14 들뢰즈는 사르트르와 달리 "가능 세계의 표현"으로서 타자(autrui) 개념을 발전시킨다. 사르트르는 아직도 주체, 대상, 쓸모없는 "인정" 따위의 문제를 갖고 작업했다. LS, p. 360, 주11을 볼 것. 이 개념이 고통의 표현에 대한 비트겐슈타인의 관점뿐만 아니라 라이프니츠(와 양상 논리학자)가 가능 세계라고 생각하는 것을 뛰어넘는다는 점에 대해서는, QP, pp. 22 이하를 볼 것.

15 PP, pp. 165 이하.

이런 식으로 들뢰즈는 가령 둔스 스코투스의 용어를 채택해 "이 것임"을 논의한다. "이것임"은 "개인화"가 아닌 "개체화"다. 그것은 홉킨스Gerard Manly Hopkins가 자기 시詩에서 "이것임"이라고 부른 독 자적인 발생singular occurrences처럼, 어떤 것의 특정specification 혹은 예 화가 아니다. 하루의 어떤 시간, 어떤 강, 어떤 기후, 콘서트 중의 어 떤 낯선 순간은 이것과 같을 수 있다. 그것은 어떤 종류의 하나가 아 니라 어떤 종류에도 속하지 않는 무언가의 개체화며, 설사 완벽하게 개체화되었더라도 여전히 불특정성을 간직하며, 마치 "형언할 수 없 는" 무언가를 가리키기라도 하는 것 같다. 하나의 삶은 사실 많은 그 런 계기로 구성되어 있으며, 그것이 하나의 삶을 독자적인 것으로 만 드는 것의 일부다. 그 계기들은 버지니아 울프Virginia Woolf가 말하 는 "파도"처럼 우리에게 오는 일들의 일종이다. 경험의 조각들은 멋 진 서사적 통일성에 들어맞을 수 없고, 그래서 다른 식으로 조합되거 나 한데 모여야 한다. 그것들을 조합하는 일종의 열린 종합이나 "그 리고"는 속성들 및 동일시의 "이다"로 환원될 수 없다. 바로 이 점이 드러나는 것은, 영화 속 시간-이미지들이 심리적 기억이나 선형 인과 성에 앞서는 상호관계의 공간을 고려하는 방식에서, 혹은 회화에서 또렷한 형상이나 서사에 앞서는 일종의 "감각의 블록들"에서다. 경험 의 조각들이 우리의 삶에서 제시되는 그런 일들과 파도들 혹은 블록 들은 그래서 "비인물적"이다. 그것들은 주체나 인격으로서의 우리에 앞서며, 그러면서도 우리의 삶에서 항상 "표현"된다. 심지어는 하나 의 죽음도 이런 식으로 독자적이라고, 그 어떤 "일반성"도 덮을 수 없 는 "비인물성"을 포함한다고 생각되어야 한다. 일종의 "그것이 죽어

간다”it is dying다. 그래서 들뢰즈는 비샤Xavier Bichat가 죽음의 의학적
개념에 독자적 양식이라는 아이디어를 도입한 일의 귀결을 논하는
푸코를 주목한다.[16] 들뢰즈는 죽음에 대한 스토아학파의 “무관심”에
서 블랑쇼의 “중립성”, 즉 우리가 감당해야 하는 종류의 사건과 유사
한 무언가를 보자고 제안한다.[17] 죽어감 안에서도 문제는 우리가 우리
의 “인격”이나 “자아”에 대해 기꺼이 생각하는 것에서 생명적 “비인
물성”을 추출하는 일이다. 그것은 가령 들뢰즈가 마지막 저술에서 디
킨스Charles Dickens의 이야기에서 발견하는 삶과 죽음 사이의 순간과
도 같다.[18]

　　의식적 인격체인 우리보다 앞서는 독자성의 “멋진 비인물성”을
이해하려면 특이한 기술記述 문법의 논리가 필요하다. 그 논리는 공적
인 지시어나 담론의 일상적 “인칭”을 통해 주어지지 않는데, 들뢰즈
는 이것을 퍼링게티Lawrence Ferlinghetti가 “4인칭 단수”the fourth person
singular라 부른 시제와 연관시킨다. 4인칭 단수는 아무도 그것을 말하
지 않고, 아무도 그것에 대해 말하지 않지만, 그런데도 말해지는 모
든 것 안에 존속한다. 그래서 들뢰즈는 푸코가 담론의 “익명성”이라
부른 것, 즉 이야기된 것들les choses dites의 “누군가가 말한다”on dit 안에

---

16 푸코의 사고에서 비샤의 중요성에 대해서는 PP, p. 150을 볼 것. 죽어감의 “독자적 스타일”
　의 발견에 대한 푸코의 논의는 비샤를 프로이트와 하이데거 둘 다의 원천으로 만들었다.
　Foucault, *The Birth of the Clinic* (trans. Alan Sheridan, Tavistock, 1973), pp. 140 이하를 볼 것.
17 죽음의 독자성과 비인물성이라는 문제에 대해서는 LS, pp. 177 이하와 DR, pp. 148 이하를
　볼 것.
18 “Immanence: a life”, PI.

서 바로 이 낯선 시제를 보자고 제안한다. "말이 들린다"it is talking 혹은 "이야기가 들린다"it is saying 혹은 "익명의 중얼거림"이 그런 예다. 그것은 담론에 주체의 지위, 알아볼 수 있는 대상, 가능한 진릿값 등을 도입하는 규칙성이나 절차보다 앞서 오며, 그 어떤 논리학이나 언어학이나 화행 이론speech-act theory도 결코 희석할 수 없는 "사건"이라 불릴 수 있는 것을 드러낸다. 이 비인물화된 중얼거림에 도달하는 것이 항상 쉬운 것은 아니다. 그것은 푸코가 마지막 저술에서 "déprise de soi"(자신에서 물러나기)라 부르게 된 일종의 "비인물화" 혹은 "탈주체화"하는 철학적 훈련을 요구한다.[19] 그런 경우 비인물성은 세인世人, das Man[20]의 소외나 "비진정성"이 아니라 반대로 독자화의 조건이며, 삶의 가벼워짐과 그 가능성이다. 그것은 차이들을 폐지하는 일반성이 아니라, 반대로 습관, 기억, 관례 등의 규정들 및 우리가 사로잡혀 있는 재인지나 동일시의 실천들에서 차이를 해방해서 다른 생명적 가능성을 개시하는 조건이다.

특히 우리는 들뢰즈가 현대 예술, 즉 워홀, 베케트Samuel Beckett, 로브그리예Alain Robbe-Grillet에서 진부한 것, 판에 박힌 것, 기계적으로 복제될 수 있는 것의 문제에 접근하는 방식에서 이것을 본다.[21] 들

---

19 Michel Foucault, *The Use of Pleasure*, p. 11.

20 [옮긴이] 하이데거가 일반적인 사람을 가리키는 독일어 man에 중성 정관사를 붙여서 만든 말로, 일상적 현존재(Dasein = 인간)의 다른 표현이다.

21 가령 DR, pp. 374~376을 볼 것. 『차이와 반복』에서 "허상"(simulacrum)의 문제(LS, pp. 292 이하 참조)는 그 용어에 대한 보드리야르의 "포스트모던" 용법['시뮬라크르']과 혼동하면 안 된다. 특히 그것은 "일상"(everyday)에 대해 [보드리야르의 용법과는] 다른 관계를 전제하며, 소외 이론에 기반하지 않았는데, 이 점은 들뢰즈의 저술 전역에 걸쳐 있다(그가 워홀의 연작에

뢰즈는 그런 진부함에 순수하거나 "아우라"적인 대상의 독특함을 대립시키지 않는다. 오히려 다른 논리를 지닌 일종의 "비인물성"을 대립시키는데, 그것은 가령 워홀이 표준적이거나 상업적인 이미지 연작에 도입한 작은 차이들에서 잘 드러난다. 이제 문제는 들뢰즈가 수학 언어에서 채용한 "이산적" 변이보다 "연속적" 변이를 통해, 표준화된 환경을 이런 식으로 "독자화"해서, 그 환경에 그 어떤 "불변항"이나 표준 모델이 없는 변동성을 도입하는 문제가 된다. 이런 식으로 들뢰즈는 우연과 "자동성"에 대한 논의를 초현실주의적 장치들을 넘어 우연과 확률의 구별로까지 밀고 가자고 제안한다. 가령 들뢰즈는 캔버스에 핀을 하나 떨어뜨리는 것을 우연이 아니라 확률 문제로 본다.[22] "하나의 삶"에 성격을 부여하는 것은 (확률보다는) 바로 그런 우연이다. 그래서 들뢰즈는 "평균적인" 또는 "보통" 사람과 불특정의 사람, 일종의 "아무개"를 구분한다. 전자는 통계적 존재고, 후자는 생명적 잠재력이다. 푸코는 더 넓은 "생명 정치" 구성체 연구를 착수했었다. 거기서 통계적 규범이라는 관념은 우리가 자신을 기술하게 되는 많은 범주와 함께 생겨났는데, 가령 평균적인 성인 백인 이성애자 남성

서 동일성보다 작은 차이를 강조한다는 데서 드러난다). 그것은 다다이즘의 "기계" 개념(회귀와의 결별과 더불어)에서만 보이는 게 아니며, 영화 논의에서도 발견된다. 가령 워홀의 영화에서 "기다림의 의례"라는 문제(C2, pp. 249 이하)는 단지 "몸짓"(gestus)뿐 아니라 일종의 "자동기계"인 영화 자체에 대한 더 넓은 논의에 속한다(C2, pp. 342 이하를 볼 것). 강박이 기계적 반복의 병리학이라면(D, p. 371), 필경 컴퓨터-뇌의 "인지적 결함"은 정보 자동기계 시대의 그것이 되었을 것이다.

22 FB, pp. 60 이하. 들뢰즈가 회화가 자신의 고유한 수단, 즉 "회화적 사실"이라는 수단을 통해 발견했다고 생각하는 "순수 논리의 문제"는 미적 우연 혹은 가능성의 문제와 엮여 있다. 우연과 확률의 구별에 대해서는 N, pp. 29 이하와 DR, pp. 361 이하를 볼 것.

이 보통의 혹은 "다수적" 정체성을 지니는 것으로 전환되며, 그 범주에서 일탈하는 것은 "비정상성"이라고 분석될 수 있게 된다. 그런 "비정상"에 대립해서 들뢰즈는 "특이자"anomalies에 대해 말하는데, 그것은 하나의 삶 혹은 "아무개"에 특유한 힘들을 표현한다. 들뢰즈는 말하기를, 특이자는 개체화의 "가장자리"다. 따라서 개체화의 선들을 도해한다는 것은, 규범에서의 일탈이라는 확률보다 특이자의 우연을 포함하는 "삶의 평면"을 그리는 일이다.[23] 들뢰즈의 생각에, "문학"이라 불릴 만한 값을 하는 것 안에는 개체화가 우리의 삶에 가담하는 방식을 그리는 비인물적 "개체화"를 표현하려는 시도가 있다. 그래서 말년의 글에서 들뢰즈는 이렇게 표명한다. "문학은 겉으로 나타나는 인물 아래에서 비인물의 역량을 발견함으로써만 …… 제기되는데, 비인물은 일반성이 아니라 최고 수준의 독자성이다. 즉, 한 남자, 한 여자, 한 동물, 하나의 위, 한 아이……."[24] 심지어 우리는 에덴동산의 아담을 "개체화"의 우연을 참작하는 이런 방식으로 "모호"하다고 생각할 수 있으며, "최초의 인간"보다 "아무개"라고 생각할 수 있다. 들뢰즈의 생각에, 라이프니츠는 몇몇 구절에서 그런 상상을 시작했는데, 그 구절들을 더 발전시켰다면 "공가능성"이라는 아이디어를 그것

---

23 MP, pp. 298 이하. 들뢰즈는 비루한 인간의 삶에 관한 푸코의 입문을 작은 걸작이라고 경탄한다. "그것은 조르주 바타유(Georges Bataille)의 정반대다. 비루한 사람은 악의 과도함에 의해 정의되는 것이 아니라, 어원적으로 보통 사람으로 규정된다. …… 비루한 사람이고자 하는 것은 푸코의 꿈과 같은 그 무엇, 그의 희극적 꿈, 자신에 대한 웃음이었다……." PP, pp. 146~148.

24 CC, p. 13. 그런 "불특정성"과 스피노자 철학의 "아이-생성"의 관계에 대해서는 MP, pp. 313 이하를 볼 것.

이 여전히 갇혀 있던 조화로운 "완전론"과 끈질긴 구원론에서 해방했을지도 모른다.[25]

3.

무의식은 이런 "멋진" 방식으로만 "비인물적"이다. 그것은 의식적 인물로서의 우리에 앞서는 다양체들로 구성되어 있고, "화행론" 혹은 "나"나 "우리" 같은 인칭 대명사에 기초하지 않은 **배치체**를 요구한다. "'이드'라고 불러 버린 것은 얼마나 큰 오류더냐!" 들뢰즈와 과타리는 첫 공저인 『안티 오이디푸스』 첫 페이지에서 그렇게 외쳤다. 오히려 "여기저기"(즉 *ça et là*)의 에너지의 분배에 대해 논의하는 게 낫다는 것이다. 『차이와 반복』에서 들뢰즈는 프로이트의 무의식 착상을 이 방향으로 밀고 가서 "계열" 및 계열의 "잠재성"이라는 자신의 아이디어와 연결하려 노력했다. 가령 들뢰즈는 리비도적 몸의 "부분 대상"을 "잠재성의 초점"이라고 적었는데, 이 초점은 하나의 삶의 짜임에서 낯선 길을 그린다. 따라서 그것은 우리가 "살면서" 통과하는 무언가요, 의식적 기억으로 환원될 수 없는 복합하는 반복이다.[26] 그런 몸의 "잠재성"의 초점들은 "상징적 질서" 및 우리와 그것의 "상상적" 관계에 앞서며 그것으로 환원될 수 없는, 삶의 "비형식적 평면"에서 다른 초점들과 연계된다. 그래서 "하나의 삶"의 실천적 문제는 이렇게 말할 수 있을 것이다. 어떻게 그런 리비도적 잠재성들을 획득하고

---

25 LS, pp. 138~142.
26 DR, pp. 132 이하.

맨 앞에 놓아서, 주어진 사회적 혹은 문화적 질서와의 동일시에 앞서는 방식으로 그것들을 한데 모을까? 토테미즘에 대한 글에서 레비스트로스는 그런 질서 바깥으로 떨어져 나가는 것은 희생과 일탈의 의미를 얻는다는 "구조주의적" 아이디어를 개진한 바 있다. 그러나 들뢰즈는 그렇게 사회 질서 "바깥"에 있는 것에 대해 부정적 혹은 희생적 그림보다 긍정적 혹은 화행론적 그림을 원했다. 들뢰즈는 다른 가능한 관계들의 잠재성이라는 견지에서, 혹은 아버지의 "부정"에서 단순히 파생될 수 없는 비인물적 개체화의 견지에서 "바깥"을 이해하려 했다. 이처럼 억압은 처음에 오지 않는다. 오히려 억압은 그런 개체화의 사건들을 "반복하는" 생명적 역량의 견지에서, 그 사건들이 우리의 삶에서 펼쳐 보여 주는 "리듬들" 속에서 이해된다. 들뢰즈는『차이와 반복』에서 이렇게 썼다. 우리가 억압하기 때문에 우리가 반복하는 것이 아니다. 보다 근본적으로 우리는 우리의 삶을 각각 욕망의 독자적인 "복합체"로 만드는 이 다른 비인물화된 방식으로 우리의 욕망을 살기 위해 억압하거나 "망각"한다. 따라서 스피노자의 욕망의 "실천 철학"과 마찬가지로, 문제는 우리의 "독자적 본질"이 서로 "조성"되면서도 여전히 독자적으로 남는 "조성면"을 어떻게 건설할까가 된다.

따라서 우리 각자가 "하나의 삶"을 가진다고 말하는 것과 우리 각자가 하나의 무의식을 가진다고 말하는 것은 같은 것에 이른다. 그 말은, 주체나 인물로 "동일시"하는 것 바깥에는 항상 뭔가가 있으며, 우리는 복합하는 만남을 통해, 가령 프루스트의 "연인들의 계열"에서처럼, 그것을 펼쳐 보여야 한다는 뜻이다. "성별화"sexuation의 모든 문제는 오이디푸스적 동일시를 통해서보다 이런 식으로 이해될 필요가 있다. 즉, 성과 젠더라는 "조잡한 통계적 범주" 아래에는 우리의 특유성의 "분자적" 배가倍加 전체가 놓여 있는데, 낯선 방식으로 낯선 시간에 나와서, 아주 독창적인 "조성" 혹은 "잠재성"을 생겨나게 한다. 따라서 들뢰즈는 가령 남자 혹은 여자란 무엇인가의 정상적 혹은 "다수적" 모델에서 떠나 모두가, 심지어 여성도 통과해야 하는 "여성-생성"을 논의한다.[27] 전략상의 이유건 단지 살아남기 위해서건, 그런 "생성들"의 과정에서 결국 여성됨의 참된 "정체성"을 발견했다고 말하는 것이 이따금 필요해진다. 하지만 생성의 논리는 항상 그런 재발견된 동일성의 언명을 넘어간다. 왜냐하면 생성은 고정된 시작점과 끝점이 있는 "역사"가 아니기 때문이다. 오히려 생성은 무언가의 모방이나 재현이 아니기에, 동일시의 바로 그 항들을 옮기고 복잡화한다.

정신분석의 문제는, 그런 전前주체적 "역량"을, 즉 우리의 리비도적 몸의 그런 복잡화하는 비인물적 "잠재성"과 우리의 삶에 있는 그것의 "우여곡절"을 발견하고 나서도, 무의식이 가족 질서 내에서의 일종의 결함 있는 동일시에 불과하기라도 한 것처럼 "인물화하는" 동일성의 새로운 체계인 가족과 가족 인물의 "이미지"로 그것들을 에워쌌다는 점이다. 가령 "하나의 삶"이 문학에 등장할 때, 정신분석의 영감을 받은 비평은 거기서 모든 것을, 저자가 아니더라도 등장인물들의 "가족 로망스"로 되돌려 보낸다. 들뢰즈에게는 그런 "가족주의"는

---

27 Michel Foucault, "The Confessions of the Flesh", ed. Colin Gordon, *Power/Knowledge*, Pantheon, 1980, pp. 219~220을 볼 것. "여성 해방 운동의 진짜 힘은 그들의 성과 거기에 속한 권리의 특별함을 주장했다는 점이 아니라, 그들이 성의 장치 안에서 행해지는 담론에서 실제로 빠져나왔다는 점이다."

아무것도 설명하지 않는다. 반대로 그것은 설명될 필요가 있다. 들뢰
즈가 생각하기에, 가족주의는 우리의 삶에서 가족이 욕망의 무의식
적 "콤플렉스들"을 장악하는 일에서 일종의 "탈코드화" 혹은 "탈영
토화"가 일어날 때, 그에 대한 반동에서 생겨났다. 일찍이 자크 라캉
은 프로이트의 오이디푸스 콤플렉스의 발견은 아버지의 실제적 권위
가 해체되는 바로 그 시기에 있었다고 말했다. 실제로 그것은 "상징
적" 아버지를 상정함으로써 욕망의 결과적 문제들이나 질병들을 분
석하는 방법이었다. 그런 일종의 신화적 원아버지Urvater가 없었다
면 자아의 의미나 "성 정체성"을 유지하는 것이 가능하지 않았을 것
이다. 들뢰즈는 더 나아가려 했고, 욕망의 무의식적 엉킴이라는 아이
디어를 다른 모든 것을 "초코드화" 혹은 "재영토화"한다고 여겨지는
이 커다란 지배적 콤플렉스 너머로 밀고 갔다. 우리는 우리의 독자적
이고 불특정한 삶의 복합된 선들을 우리와 "상징적 질서"의 관계라
는 지배적 법칙 속에 다시 삽입하려 하기보다, 그런 삶의 펼침 속에
서 우리와 사회 질서의 동일시가 담당하는 역할의 견지에서 그런 동
일시를 이해해야 한다. 따라서 우리는 이제 "일탈적"이거나 "희생적"
이지 않은 무의식적 욕망 자체와 그것이 형성하는 종류의 "콤플렉스"
에 대한 다른 그림이 필요하다. 우리는 무의식적 욕망을 우리의 리비
도적 잠재성들이 펼쳐지는 이 비공식적 평면의 견지에서 "건설주의
적"constructivist 방식으로 보아야 한다. 그렇다면 프로이트의 부권의
병리학에 대한 위대한 진단을 다른 식으로 혹은 다른 각도에서 읽을
수 있다. 우리는 우리의 욕망 안에 있는 독자적인 것을 조성하거나 배
열하는 비동일시적 방식의 견지에서, 욕망의 독자적인 복합체 혹은

"다양한" 에로스적 몸으로서의 우리 자신을 위한 "조성면"의 건설이라는 견지에서 그 진단을 볼 수 있다. 따라서 무의식적 욕망의 실천적 문제는, 미메시스에서 해방된, 비인물적이지만 독자화하는, 우리의 "자기"나 "자아"에서 우리를 벗어나게 하면서도 한데 융합하지는 않는, 아리스토텔레스적인 친구의 견고함보다 오비디우스의 변신에 더 가까운, 에로스와 에로스학을 발명하는 문제다.

따라서 다양체는 무의식적이다. 그것의 개체화는 비인물적이기 때문이다. 역으로 욕망을 무의식적으로 만드는 것은 어떤 "원억압"이 아니라 인물화하는 동일시 안에 갇혀 있을 수 없으며 다른 "다양화" 하거나 "복합"하는 종류의 만남과 상호작용을 통해 작동하는 삶 안에서의 사건들과 역량들의 펼침이다. 이렇게 에로스 안에 다양체를 도입함으로써, 들뢰즈는 **교육**paideia에서의 **미메시스**의 전통적 역할에서, 즉 형성 혹은 "문명"에 대한 우리의 착상에 있는 동일성과 동일시라는 관념의 중심성에서 벗어나려 한다. 그렇다면 문제는 어떻게 우리의 에토스, 즉 우리의 "존재 양태"를 더는 동일성에 기초하지 않는 방식으로 착상할 것인가가 된다.

4.

우리는 우리 자신을 라이프니츠의 "모호한 아담" 혹은 스피노자의 "독자적 본질"로 보거나, 아니면 각자 하나의 무의식이, 독자화하는 불특정의 무의식이 있다고 보아야 한다. 들뢰즈는 "특성 없는 존재" 라는 주제를 지닌, 혹은 어디선가 지적했듯이, 미국 문학에서 "길 위에 있는" 자들처럼 너무 "매끈하게" 되어 어떤 특성들도 달라붙지 않음이라는 주제를 지닌 현대 소설에서 그와 연관된 문제를 발견한다.[28] 그처럼 "특성을 부여할 수 없는" 인물들의 출현과 그 인물들이 시공간을 "채우는"*remplir* 방식은 소설의 모습을 바꿨다. 어떤 일이 일어나는지와 어떤 일이 일어났는지의 시간은 유럽 소설의 좀 더 "합리화된" 혹은 "신경증적인" 플롯에서 해방되며, 들뢰즈가 미국 소설에서 발견한 운동과 느슨함 혹은 무형식성뿐 아니라 바흐친Mikhail Bakhtin이 러시아 소설에서 본 것과 같은 종류의 "이종성"도 발견한다. 등장인물들이 완결되거나 개인화된 인물이기를 그치고 대신에 "독창적인 자"originals가 되어 상호관계의 새로운 시공간 안에서 한데 모이는 바로 그때 삶은 소설 속에서 "불특정"하게 된다. 왜냐하면 저 "특성 없는" 자들은 "자신을 재인지"하는 직접 서사를 더는 말하지 못하기 때문이다. 이들은 취소되거나undone 돌연 변이될 수 있는 서로 다른 블록들의 병치나 중첩을 통해 주어지는 다른 시간성 안에서 움직이기 시작한다. 이 상황에서 복잡화하는 만남은 사건들이 펼쳐지는 기본 절차인 동일시하는 재인지를 대체한다. 이와 유사하게 가령 펠리니Federico Fellini는 고전 영화의 서사에서 재인지의 "운동"을 대체하면서, 전후의 로마와 도시 공간에서의 특유한 만남을 "다른 가능 세계들"의 출현과 긴밀히 묶여 있는 독창적인 영화적 절차로 전환한다.

만남의 절차와 더불어 타자에 대한 특수한 관점이 오게 되는데,

---

28 CC, pp. 100 이하. 문제는 선행하는 모델이나 법칙과의 동일시를 통해서보다 "특질, 지대, 기능"에 의해서 서로 어떻게 연관을 맺을지가 된다.

들뢰즈는 이것을 다소 상호적이고 다소 행복한 재인지의 모델과 대립해서 발전시킨다. 그래서 들뢰즈는 "타자들과의 구체적 관계"에 대한 사르트르의 초상이 헛된 격정이자 불가능한 재인지를 향한 욕망에 뿌리 박고 있다고 이의를 제기하며, "자아의 초월성"이라는 사르트르의 관념은 해방되었어야 마땅한 주체와 대상이라는 바로 그 관념을 간직하고 있다고 말한다. 미셸 투르니에Michel Tournier의 소설에서, 들뢰즈는 부재로부터 또 다른 관념에, 즉 "하나의 가능 세계의 표현"으로서의 타자autrui라는 관념에 이르는 일종의 추론을 발견한다. 그것은 카페에서의 사르트르적 시선의 결투나 열쇠 구멍을 통한 부끄러운 바라봄과는 다른 공간, 시선, 변태의 관념을 전제하며, 프루스트의 "이상 성욕" 속 연인들의 만남과 계열에 더 가깝다. "자아를 초월하는" 사건들의 원천으로서의 만남이라는 생각은 들뢰즈에게, 사회 질서 속 자신의 지위에 대한 "오인"이라는 보다 구조주의적인 문제틀에서 벗어나고 사르트르가 코제브Alexandre Kojève한테서 가져온 헤겔의 위대한 인정 이야기 속 자기와 타자의 문제라는 착상에서 벗어나는 길을 제공하며, 우리의 동일시를 "초월하는" 혹은 우리의 "거친" 인물화나 인격 아래에 있는 삶의 저 "내재적인" 가능성을 어떻게 표현할 것인가라는 다른 문제를 제기하도록 허용한다. 실제로 그것은 만남에 의해, 그리고 소설 속 "특성을 부여할 수 없는" 등장인물들에 의해 제기된 문제다. 그것은 이번엔 주어진 "사회"를 조성하는 상호관계의 가능성이라는 더 넓은 문제와 엮여 있다. 사회학자들은 유기적 "공동체"와 개인주의적 "사회"를, 전자는 전통적이고 후자는 현대적이라고 구별함으로써 그런 가능성을 나누려는 경향을 보였다. 들뢰즈는 다른 문제를, 혹은 "현대성"의 문제를 착상하는 다른 방식을 정식화한다. 멜빌의 단편소설에 나오는 바틀비의 "안 하는 편이 좋겠네요" 같은 절차를 지닌, 사회적 인정 체제에서 떠나는 "독창적인 자들" 사이의 관계를 어떻게 창조할 것인가, 우리의 "전前개인적"이고 "전前사회적"인 독자성들이 나타나 서로 어우러지는 시공간을 어떻게 발명할 것인가 등이 그것이다. 따라서 개인으로건 유기적 전체의 일원으로건 더는 "특성을 부여받을" 수 없는 저 "아무개들"에 의해 제기된 문제는 현대적 에토스 혹은 존재 방식의 문제며, 그 무언가의 "재현"이나 "모방"에 더는 종속되지 않는 "독자적 본질"로서의 우리 사이의 "공동체"를 고려한다.

하이데거는 "에토스" 혹은 거주의 문제를 "윤리"의 건설보다 더 기본적이고 근원적인 문제라고 생각했다. 하지만 그는 "거주하기" 혹은 "지상에 살기"를 장소에 뿌리를 둔 역사적 **민족**Volk의 견지에서 상상하는 경향을 보였다.[29] 들뢰즈는 "에토스"(따라서 "윤리")를 다른 식으로, "존재 방식"이나 "존재 양태" 그리고 시공간에서의 이것의 분배, 즉 그가 어디선가 "노모스"라 부른 것의 견지에서 이해한다.[30] 그는 윤리에서의 일종의 "방식-론"[31]을 논의하며, 혹은 스피노자와 관련해 우리의 독자적 존재 양태의 조성에서 독창적인 "행태-학"etho-

---

29 QP, pp. 104~105 참조. "하이데거는 민족, 땅, 피에 대해 오해했다." 생각하는 자들은 사실 "다수파"가 아니고, 결코 어디에 "안착하지" 않기 때문이다.

30 MP, pp. 437 이하.

31 [옮긴이] manner-ism, 즉 '방식-론'이라 할 수 있고, 흔히 말하는 '매너리즘'과는 구별된다. 그래서 '방식론'으로 옮겼다.

logy^{32}을 논의한다.^{33} 따라서 들뢰즈의 "에토스"는 공간과 장소에 대해 어떤 소재지나 영토 안에 있는 민족의 "현존재"와 다른 관계를 갖는다. 가령 "특성 없는 자들" 혹은 "소수 언어" 문제는 "다수의" 땅의 문제가 아니라, 가령 카프카의 만리장성이 시사하듯 근접성과 거리, 시간과 역사라는 다른 관념들을 포함한다.^{34} 반대로 문제는 아주 다른 종류의 안식처chez soi를, 즉 "체험된 장소"와 "추상적 공간"의 대립 속에서 주어지지 않으며, 영토와 경계가 무엇인지에 대한 다른 아이디어를 요구하는 하나의 "편안한 곳"at home을 발명하는 것이다. 플라톤의 『티마이오스』의 코라처럼, 영토의 제한과 순수 유형들의 논리, 그리고 그것들이 나뉘어 들어가는 종種과 유類보다 앞서 오는 이 낯선 시공간의 "토박이"로, 또 그 안에 "편안히 있는 자"로 우리 자신을 생각한다는 것은 무슨 뜻일까? 그렇다면 확인 가능한 영토들로 나뉘는 일을 어떻게 볼 수 있을까?^{35} 그것은 들뢰즈가 "탈영토화"뿐 아니라 "지상"과 거기 살거나 토착민인 "민족"의 종류에 대한 독창적인 아이

---

32 [옮긴이] ethology는 본래 생물학에서 '동물행동학'을 지칭하며, 역자는 이 말의 뜻을 더 넓혀 행태 연구를 가리키는 말로 '행태학'이라 옮겼다.

33 SSP, pp. 125 이하. PP, pp. 137~138에서 들뢰즈는 "삶의 스타일"에 관한 도덕적 코드와 윤리 간의 푸코적 구분을 인륜(Sittlichkeit)과 도덕(Moralität) 간의 헤겔식 구분을 통해서보다 이런 스피노자의 방식으로 읽는다. 전자는 초월적 가치에 따라 행위나 의도를 판단하는 의무 규칙에 속하는 데 반해, 후자는 "우리가 행하는 것, 우리가 말하는 것을 그것이 함축하는 실존 양태에 따라 평가"하기 위해 우리가 자유롭게 채용하는 규칙의 집합이다.
   [옮긴이] manner-ism과 etho-logy는 어원에서는 같은 뜻이다. 저자는 이 점을 드러내려 했다.

34 K, pp. 131 이하. 들뢰즈는 건설주의를 이 각도에서 볼 수 있다고 시사한다(p. 136). 정치와 건축에 대한 그의 언급은 PP, p. 215를 볼 것.

35 들뢰즈에게 플라톤의 코라는 "지상의 내재성"의 문제를 제기한다(CC, p. 171). 그는 『주름』에서 화이트헤드의 『티마이오스』 읽기와 관련해 그 문제를 채용한다.

디어를 논의하면서 도달하려 하는 "에토스"에 관한 문제다. 왜냐하면 우리 자신을 독자적인 존재 양태라고 생각하는 데 있어 가정되는 "지상"은 국지화하고 동일시하는 무언가가 아니라 반대로 형태 없고 탈중심화되어 있고 우리의 "영토화"의 경계에서 존속하는 무언가기 때문이다. 따라서 지상을 "에토스"의 원천으로 만드는 것, 지상에서 "편안히" 있는 법을 배우는 것은 자신을 가족, 부족, 국가라는 동일시하는 영토에 앞서 지상의 토박이라고 보는 것이며, 그래서 그런 동일시에 의해 주어진 "자기"에 낯선 일종의 이방인이라고 보는 것이다. 오히려 그것은 "하나의 삶" 속에서, 자신의 멋진 "비인물적" 무의식 속에서 편안히 있는 법을 배우면서, 일종의 수완savoir faire을 발전시키는 것이다.

따라서 하나의 삶 또는 하나의 무의식은 이 용어들에 들어 있을 수 있는 영토와 운동에 대한 하나의 관점을 상정한다. "탈영토화"의 잠재력을 동반하지 않는 영토의 설립이나 제한은 없으며, 탈영토화는 돌아갈 길이 없고 도달할 알려진 영토가 없을 때 "절대적"이 될 수 있다. 흑인 영어 같은 "소수 언어"가 이 문제를 제기한다. 우리는 영토가 아니라 이 지상에서 편안히 있는 방식을 고안해야 하는데, 거기서 이 존재 방식은 한 장소, 하나의 동일성, 하나의 기억에 뿌리박게 하기는커녕 그런 경계들에서 풀어놓고 가볍게 되거나 탈영토화한다. 유목민에 의해 놓인 천막처럼, 혹은 어떻게 지상이 가벼워지는지 말할 때 차라투스트라가 불러내는 춤의 생명적 리듬에 의해 그려진 지형도처럼 말이다.[36] 문제는 이제 "정해진 민족"the people의 문제가 아니라 "하나의 민족"a people, 불특정 민족, 아직 "특징이 없고", 여전히 발명되어야 하는 민족이며, 들뢰즈가 생각하기에 카프카가 이렇게 외칠 때 이끌린 그런 종류의 민족이다. "체코어로, 이디시어로, 독일어로 글쓰는 것이 불가능하다. 하지만 쓰지 않는 것도 불가능하다." 이 불가능성의 의미는, 공식 독일어 안에 있지만 어떤 집단도 아직 말하지 않은 일종의 "외국어"를 발명한 데서 잘 드러난다. 들뢰즈가 소수라고 칭하는 것은 항상 "절대적 탈영토화"로부터 태어난 그런 "도래할 민족"을 상정한다. 비록 전략상의 이유나 단순히 살아남기 위해, 들뢰즈가 "상대적 탈영토화"라 부르는 것에서처럼, 역-동일성이나 역-국가로 그것을 "보정"할 필요가 있을지라도 말이다. 말하자면 우리는 그런 상대적 혹은 전략적 역-영토를 그것에 앞서는 가벼운 혹은 탈영토화한 지상의 견지에서 이해하고, 그 견지에서 에토스나 거주의 문제를 제기해야 한다.

따라서 들뢰즈의 "탈영토화한" 방식-론 혹은 에토스는 동일시 속 순수함과 경건함의 윤리가 아니라 오히려 "순수한" 동일시나 모방에 앞서는 우리의 존재 방식 속 복합성과 위엄의 윤리를 포함한다. 위엄의 문제는 들뢰즈가 "윤리"에 부여하려 하는 의미의 기초고, 윤리가 기성 가치들에 대한 복종의 "도덕"과 대조되는 방식의 기초다. 들뢰즈가 스토아학파에서 발견해서 자신의 것으로 삼은 기본 문제는

---

36 나는 『건설들』에서 지상이 가볍게 된다는 니체의 아이디어를 논했다. 음악이나 춤에서 지상과 영토의 문제는 ("소수 언어"로서의 흑인 영어와 관련해서) 미국의 흑인 음악에 적용될 수 있을 것이다. 재즈라는 고전적인 도시적 형태에서 현대의 전자음악과 DJ 믹스에 이르기까지.

"우리에게 일어나는 일에 걸맞지 않지indigne 않기"다. 특히 주체와 인물로서의 우리에 앞서며 하나의 삶을 이루는 저 개체화에 어떻게 응답할 것인가가 문제였다. 가령 프래그머티즘의 원형인 미국의 뉴욕에서 바틀비의 "안 하는 편이 좋겠네요"에 의해 예시된 "민주주의적 위엄"이 그런 문제의 하나다. 그러나 이 문제는 현대 문학을 통해, 현대 문학에 특유한 시공간에서, 다양한 형태로 발견된다. "탈영토화한" 혹은 "가벼운" 지상에서 안식처에 있음이라는 문제에 바친 『천 개의 고원』의 고원에서 들뢰즈는 그에 따르는 예술 운동들의 지도를 다시 그리려 한다.[37] 고전주의는 낭만주의가 뿌리와 동일성의 견지에서 도입한 "민족"과 "영토" 개념을 결여하고 있다. 하지만 모더니즘에서 새로운 종류의 문제가 발생했다. 그것은 "도래할 민족"을 형성하기 위해 우리의 "독자성들"을 한데 모으는 공간의 문제다. 이 공간은 모든 기성 장소나 언어 안에서 낯설고 소수며, 기성 영토의 경계에 앞서고 경계를 다시 지도로 그리는 지리학의 "토박이"로 우리를 만든다. 따라서 현대의 작품에서 우리는 "다양체 만들기"의 문제를 발견한다. 그것은 인물화된 동일성과 동일시에 앞서는 탈중심화된 공간을 창조하려는 시도며, 그래서 더는 동일시나 재현에 묶이지 않은 "나와 우리를 말하는 새로운 습관"을 발명하려는 시도다. 결국 그것이 푸코와의 대담에서 들뢰즈가 "타자를 위해 말하는 것의 무례함"[38]이라 부른

---

37 MP, pp. 381 이하. [영어 번역에서] ritournelle를 "refrain"으로 번역한 것은 나에게 좀 유감스럽다. 왜냐하면 ritournelle[리토르넬로]는 바로 rengaine[누구나 아는 상투적 후렴]의 반대기 때문이다.

것에서 우리를 구해 줄지 모른다.

5.

따라서 항상 우리 각자에게는 우리를 가족, 사회, 국가나 성의 영토에 배속시키는 거친 동일시에 앞서며 그것으로 환원될 수 없는 "하나의 삶"이 있다. 문제는 거기에 어떻게 도달하고 그것으로 무엇을 할지다. 부분적으로 그것은 역사의 문제다. 정말이지 들뢰즈가 그 용어들을 사용하듯, 다수파는 역사가 있지만 소수자는 "생성"만 있다고 말할 수 있다. 정확히 말해 하나의 삶의 역사적으로 불특정하거나 "특성을 부여할 수 없는" 본성이, 우리가 누구 혹은 무엇이 될지 미리 알지 못하면서도 이미 주어지거나 구성된 우리의 자신에서 벗어나는 과정, 즉 들뢰즈가 "타자-생성"이라 부르는 것을 허용한다. 모든 진짜 생성은 그런 "타자-생성"이며, 그래서 고정된 시작이나 끝을 갖는 이야기뿐 아니라 앞선 무언가의 모방과도 대립한다. 들뢰즈의 생각에, 모든 시대나 모든 역사에는 적어도 생성의 잠재력이 있다. 우리 모두는 우리의 "소수자"가 있고, 우리 각자는 하나의 무의식이 있다. 그 귀결로서, 주어진 사회나 문화는 그것의 구성적 관계나 또렷한 구분에 의해 망라되지 않는다. 반대로 그것은 항상 "새고 있으며"en fuite, 그것의 "도주선들"lignes de fuite의 견지에서 분석되거나 "도해"될 수 있다. 말하자면 그 어떤 사회도 푸코가 우리의 "구성된" 자신에서 "다른

---

38 "Intellectuals and Power", Michel Foucault, *Counter-memory, Language, Practice*, Cornel, 1974, p. 104.

공간들"로 우리를 데려가는 "주체화 과정"이라 부르게 된 것의 가능성을 완전히 막을 수 없다. 가령 푸코의 생각에 지난 세기의 정상화正常化 지향 정신의학에서 발견되는 "성"에 대한 관념 전체로부터 우리를 벗어나게 하는 "운동들"이 그 예인데, 이를 통해 우리는 아직 우리가 누구 혹은 무엇인지 전혀 확신하지 못하지만 뭔가 다른 존재가 된다. 거친 구분과 통일 밑에서 한 사회는 이렇듯 더 많이 인정된 갈등이나 모순 속에 포함되어 있지 않은 식으로 항상 "복잡화" 혹은 "복합"되어 있으며, 어떤 합의도 어떤 "우리는 생각한다"도 미리 존재하지 않는, 푸코가 "문제화"라 부른 문제를 불러일으킨다. 그것은 더 큰 "그램분자적인" 사회적 구분들과 갈등들 아래에서 존속하는 "분자적" 차이들에 의해 제기되는, 혹은 일종의 "미시 정치"에서 드러나는 종류의 문제다. 말하자면, "도주선들"의 존재는 우리가 "사회 공간"에 대한 우리의 그림을, 혹은 공간은 그 자체로 사회적이라는 우리의 관념을 다시 생각하도록 요구한다. 그래서 그것은 소외시키는 "추상적 공간"에서 포착되지 않는 것같이 어떤 장소에 있는 것도 아닌 하나의 삶의 미시 역학을 위한 여지를 마련해 준다. 우리는 다른 종류의 지도 그리기와 "행태학"이 필요하다. 들뢰즈가 생각하기에, 이미 우리는 가브리엘 타르드가 사회 공간에 도입하려 한 라이프니츠적인 "전개체적 차이들" 속에서 그와 비슷한 무언가를 발견했다. 말하자면 그것은 "하나의 삶"의 공간으로서, 정상적이거나 통계적인 인간보다 "아무개"의 공간이다. 그렇다면 현대 사회에서 공간의 "진부화"라는 커다란 문제는 유일하거나 아우라적인 대상들이나 고유하게 "맥락화"되거나 "정초된" 대상들에 의해 공격받기보다 공간들을 가볍게 하고 그 안의 생명적 차이들을 해방하는 독자화의 전략을 통해 공격받을 수 있을 것이다. 하지만 그렇다면 사회 공간에, 공간의 "사회성" 혹은 "사교성"에는 어떤 종류의 "기하학"이 있을까?

그런 물음들을 정확히 이해하기 위해 들뢰즈는 "다양체 만들기"가 항상 맞서 싸워야 하는 삶의 "절편화"라는 착상을 도입한다.[39] 사회들은 우리의 삶을 다소 견고한 절편들로 나누는 경향이 있다. 그러나 **완벽히 절편화되고 완전히 지층화된 공간은 없다.** 왜냐하면 다른 복잡화하는 관계들의 가능성을 감추고 있지 않은 지층화는 없기 때문이다. 그것은 "사이in-between 공간들", 격차들, 생성들을 허용하는 절편화되지 않은 다른 느슨한 평면에서 다른 관계들과 결합할 수 있다. 그래서 우리는 절편화된 종류의 다양체와 절편화되지 않은 종류의 다양체가 사실상 같은 공간에서 발견되더라도 항상 그 둘을 구분해야 한다. 푸코가 현대 사회에서 도해한 시간과 공간의 견고한 "규율적" 절편화조차도 나름의 "도주선들", "생성들"이 있으며, 실로 다른 생명적인 독자적 존재 방식을 발명하기 위해 "정상화하는 개인화"에서 (따라서 "평균 인간"에서) 벗어나는 전체 "미시 정치학"이 있다.[40]

---

39 MP, pp. 253 이하는 서로 다른 종류의 절편성을 구별하는데, 이 모든 것은 페르낭 레제 (Fernand Léger)의 1919년 회화 「도시의 인간들」에서 볼 수 있다. 하지만 그런 "기계적" 구분에서 들뢰즈가 「제어 사회」에서 묘사하는 더 굴곡이 많거나 연속적인 구분으로 옮겨 가면, 새로운 위험들이 생겨나 책을 마칠 때 나오는 경고를 생각나게 한다(p. 625. "매끈한 공간이 우리를 구원하기에 충분할 것이라고 믿지 마라").

40 푸코에게 도시 인구통계학의 문제는 규율의 형성에 이르는 문제들의 핵심 원천이다. "The Eye of Power", *Power/Knowledge*, pp. 151~152를 볼 것. 18세기 보건의 정치에 관한 글의 두 판본은 또한 도시에서 위생과 정상화 간의 관계를 세우고 있다.

그래서 사회 공간의 절편화가 모든 사회적 "운동"을 표시하거나 위치 시키는 수평선과 수직선의 기하학을 허용한다면, 소수자들과 생성들은 그 대신에 다른 공간들과 다른 운동들을 시사하는 "사선"이나 "횡단선"으로 작업한다. 어떤 공간을 "도해"하는 것은 그런 사선들과 사선들이 열어 놓는 가능성들을 내보이는 것이며, **사본**calque이 아닌 **지도**carte를, 즉 앞선 무언가의 "사본"tracing이 아닌 지도를 만드는 것이다. 지도는 이미 지각할 수 없지 않게 만들어지고 있다 하더라도 생성들이 생겨나는 "분간 불가능 지대들"을 가리키는 데 이바지한다. 말하자면 사회 공간은 "데카르트적 좌표"로 완전히 그려질 수 없다. 왜냐하면 사회 공간은 항상 다른 양화할 수 없는 종류의 거리들과 근접성들을 도입하는 많은 "하위 공간들"을 "감싸고" 있기 때문이다. 그런 잠재력들을 "전개"할 때, 우리는 한 고정점에서 다른 고정점으로 가는 선의 견지에서 생각해서는 안 되며, 반대로 많은 뒤엉킨 선들의 교차점에 놓여 있으며 "다른 공간들"을 그려 낼 수 있는 점들을 생각해야 한다. 그것은 얼마간 잭슨 폴록Jackson Pollock의 선 중 하나와도 같은데, 그 선은 윤곽을 그리는 것이 아니라 그 자신이 항상 다른 선들로 갈라져 간다. 따라서 문제는 "최종점을 찍는"*faire le point* 것보다 "선들을 만드는" 것이 된다.

그래서 그런 선들과 이 선들이 그리는 "다른 공간"은 칼 포퍼Karl Popper의 의미와는 다른 의미에서 한 사회를 "열린" 것으로 만든다. 그것은 포퍼에 앞서 "열린 사회"를 논의한 베르그손의 의미에 더 가깝고, 로마를 "열린 도시"로 그린 로셀리니Roberto Rossellini의 영화적 초상에 더 가깝다. 사회를 베르그손의 "열린 전체"로 생각하는 것은,

그것의 공식 역사들과 구분들 아래에 다른 힘들이 있어 다른 종류의 만남과 발명을 통해 현행화된다고 상상하는 것이다. 마르크스가 생각하기에 그런 종류의 힘들은 시골에서 도시로 가면서 도시적 "탈영토화"의 생명적 공기를 호흡함에 따라 더 번성하는 경향이 있다. 하지만 마르크스가 서로 다른 계급 및 그들을 "대표"하는 당의 관점에서 그런 힘들(과 탈영토화들)을 분석하려고 한 곳에서, 오히려 들뢰즈는 그 어떤 정당도 위로부터 대표하거나 지도할 가망이 없는 "소수자들"과 "분자적 차이들", 생성들과 "다른 공간들"의 그림이라는 견지에서 그 힘들을 보자고 제안했다. 따라서 들뢰즈의 더 큰 사회적 "도해들"에서 중요한 것은 재화와 사람들, 노동과 화폐를 상호 연결하려는 계속 팽창하는 시도들 속에서 자본주의가 수행해 가는 "탈코드화"와 "탈영토화"의 과정들이다. 오늘날 "세계화"로 알려진 금융 자본, 통합 시장, 전자 매체 간의 연결들도 예외가 아니다. 우리는 새로운 근대화에 직면하고 있다. 그것의 지도는 빈곤의 새로운 지리학이나 부의 불평등에 의해, 아울러 산업화와 식민화 국면을 지닌 초기 자본주의의 커다란 거대 도시의 형태를 재분배하는 새로운 유형의 이주에 의해서도 그려지고 있다. 들뢰즈가 생각하기에, 또렷한 사회적 "지층" 혹은 계급 이상인, 저 초기 자본주의 국면에서 내던져진 산업 "프롤레타리아"조차도 그 자체가 일종의 지층화되지 않은 "특성 없는" 군중으로 여겨져야 하며, 따라서 이들의 "주체화 과정"은 사회의 지도를 다시 그려, 새로운 전략들, 새로운 종류의 법적 존재까지도 부득불 발명하게 한다. 그 어떤 당도, 그 어떤 지식인 집단도 그런 "운동들", 그런 "생성들", 사회의 그런 **도주들**을 완전히 대표하거나 지도

할 수 없고, 그 어떤 **의식화**도 그것을 파악하기에 충분치 않다. 실제로 "우리는 충분히 의식화할 수 있는 프롤레타리아의 이미지를 이용하지 못한다"[41]는 점이야말로 이 베르그손적인 의미의 "열린 사회"를 생각하는 일의 정치적 딜레마다. 따라서 바로 지식인과 그런 "운동들" 혹은 "주체화 과정들"의 관계가 변해야 하며, "대표의" 역할에서 "실험적" 역할로 옮겨 가야 하고, 주어진 선행하는 본래적인 무언가의 대표라는 생각에서 "사회적 상상력"을 해방해야 한다. 그래서 그것들은 들뢰즈가 베르그손한테 빌려 온 용어로 표현했듯 "도래할 민족의 제작"의 일부가 될 터인데, 그것은 어떤 시간이나 장소의 "상상된 공동체"에 더는 묶여 있지 않으며, 지나간 혹은 고유한 민족이라는 신화와 대조된다. 그런데 다수파는 자신의 공식 역사와 기억이 있다. 역사란 단지 "부정적 조건"만 제공할 뿐인, 우리 각자와 모두 안의 저 다른 "민족들"로 실험할 소수자들은 언제나 있을 것이다.

6.

"순수한" 동일시에 내재하는 폭력을 다루는 그런 다양한 비동일시적 **하비투스**habitus나 **노모스**nomos의 공간과 관련한 실험에는 문제가 있다. 실로 우리의 다양한 에토스에 있는 위엄 자체는 살인적인 증오와 보복의 대상이 될 위험을 안고 있다. 들뢰즈는 흄을 다룬 첫 저서에서 이미 이런 종류의 폭력의 문제를 논했다. 그 저서에서는 우리가

---

41 PP, p. 234.

자신self을 주어진 것으로 여기지 않고 오히려 습관과 기억의 관계에서, 따라서 사회의 "묵계"에서, 즉 "나"라고 말하는 습관에서 파생된 것으로 여길 때 생겨나는 "주체성의 문제"와 관련해서 그 문제가 정립됐다. 왜냐하면 "구성하는" 주체로서 사회 상태에 정당성을 부여하는 "주어진" 자신들로 사회가 이루어졌다고 상상하는 것은 잘못이라는 점이 도출되기 때문이다. 오히려 우리는 주체들이 어떻게 우선 "구성"되는가, 라는 선행 문제를, 또는 흄이 "묵계"라고 부르는 것을 조사해야 한다. 들뢰즈가 경탄하는 것은, 흄이 이렇게 고전적 계약 이론에서 벗어나 그 대신 정부의 "신뢰성" 문제를 제기할 수 있었던 방식이다.[42] 이 (신학적이기보다는) "자연주의적" 관점에서 흄은 새로운 문제를, 우리 자신이 속한 특정 집단에 대한 우리의 "편파성" 문제를 제기한다. 혼자 남겨질 때, 가족, 부족, 국가, 혹은 "공동체"와 우리의 동일시는 끔찍한 폭력으로 갈 수 있다. 이 잠재적 폭력에 의해 제기된 문제는 이해관계나 선택이라는 다소 "합리적인" 중재를 통해 단순하게 해결될 수 없다. **공동체**도 **사회**도 그것을 억제할 수 없다. 따라서 "편파성" 문제는 이해관계의 보다 합리적인 조직화에 의해 해소될 수 있는 "이기주의" 문제가 아니다. 오히려 그것들을 형성하는 격정들과 제도들의 문제, 즉 우리의 존재 방식에 있는 "인위적인 덕"과 "예의"의 문제다. 물론 그런 "문명화된 매너"는 이번엔 종종 단지 계급과 계급 구분의 폭력을 일으킨다고 반박할 수도 있겠지만, 그건 문제를 바꿔 놓

---

42 "Hume", PI.

는 것일 뿐이다. 문제는 동일성이 폭력적인 무언가라는 점이다. 우리를 "주체"나 "자신"으로 구성하는 일에는 폭력(또는 "야만성")이 있으며, 우리는 계약과 제도라는 우리의 관념을 각각 다시 생각해야 한다.

『천 개의 고원』에서 들뢰즈는 더 일반적으로 이렇게 말한다. 국가 "바깥"에 남아 있는 일종의 폭력이 존재한다. 그것은 그 어떤 국가도 미리 제어하거나 합리화할 수 없는 힘들의 폭력이며, 이것은 종종 도시에서 전면화되거나 국가-형태보다 도시-형태를 통해 실행된다. 가령, 이것은 **도시 빈민**favelas과 **교외**banlieue에 의해 제기되는 문제로, 현대 도시의 수치다.[43] 실로 들뢰즈에서 도시와 국가의 긴장은 푸코가 현대 정치사상의 주된 한계라고 보게 된 국가와 사회의 커다란 구분을 대체하는 경향이 있다고 말할 수 있다. 왜냐하면 국가 "바깥"에 있는 것은 근사한 "시민 사회"가 아니라 오히려 국가를 벗어나는 혹은 국가가 "포획"하려고 시도해야 하는 모든 종류의 **도주들**, 소수자들, 생성들이기 때문이다. 그래서 실제로 홉스에서 헤겔에 이르는 근대 정치사상에서 계약 전통이 갖고 있는 문제는, 그 전통이 우리의 구성에서 그런 "폭력"을 미리 배제하려 한다는 점이다. 홉스는 폭력을 국가의 주권에 넘기고, 헤겔은 역사의 변증법적 작용을 통해 폭력을 **법치국가**의 정치 형태로 "전환"("지양" 혹은 "승화")한다.

흄은 물론 스피노자에서도, 들뢰즈는 이 "바깥"과 거기서 유래하는 종류의 물음들을 고려하는 다른 종류의 정치 철학을, 정치와 철학

---

43 MP, pp. 539 이하.

의 관계에 대한 다른 관점을 식별해 낸다. 들뢰즈가 생각하기에, 철학자는 바로 이 바깥의 문제를 정식화하기 시작할 때라야 홉스처럼 국가의 정당한 형태를 해명하고 방어하는 데 관심을 기울이는 "공적 교수"이길 그친다. 그때 철학자는 그런 형태들 안에서 "포획"을 벗어나는 폭력과 함께 작업하기 시작한다. 가령 오늘날 "포획"에서, 현대 민족 국가의 다소 복지주의적이거나 사회주의적인 합리성에서 벗어나는 모든 힘이 있다. 그에 관해 들뢰즈는 『천 개의 고원』에서 다국적 기업, "통합체적" 종교 구성체, 전자電子 "지구촌", 그리고 특히 신구新舊 "소수자"를 언급한다. 그런 힘들의 폭력이 드러나는 건, 그 힘들이 영토 안으로 움직여 들어와 일들을, 즉 수용된 정치 철학을 행하는 방식에 들어맞지 않은 듯한 문제들을 제기하면서 "다른 식으로 생각하도록" 요구하는 집요함 속에서다. 바로 그런 점 때문에 그런 폭력은 지식에 의해 혹은 판단과 정당화의 승인된 형식에 이미 들어맞는 그런 종류의 것들에 의해 이미 예측되고, 설명되고, 혹은 제어될 수 있는 종류의 폭력들과 구별된다. 왜냐하면 정치에서는 사실 언제나 "실험, 암중모색, 주입, 철수, 전진, 퇴각"[44]에 의해 진행할 수밖에 없는 것들이 있기 때문이다. 제거되어야 할 장애물이 아니라 오히려 새로운 생성이 생겨나고 새로운 사고방식이 형태를 갖추게 되는 지점들인 저 문제들을 배제하거나 완전히 침묵시킬 수 있는 그 어떤 정부 형태도 없다.

---

44 MP, p. 575.

따라서 민족 국가가 책임을 져야 하는 사회적 권리 혹은 일종의 "복지"의 설립으로 귀결된 "문제화"의 폭력을, 또는 우리의 시민권 혹은 인권의 그런 상태에 의해 옹호로 귀결된 귀족적 특권의 문제화의 폭력을, 또는 오늘날 주권 민족 국가의 경계를 넘어 그런 권리들을 이해하고 "강화"하는 새로운 방식을 제기하려 하는 문제화의 폭력을 논의할 수 있다. 실로 푸코에게 1968년의 힘들에 의해 도입된 문제화의 폭력은 그런 것이었다. 당시 "정치 이론 속에 다시 기입되지 않으면서 정치에 제기된"[45] (여성, 소수자, 성욕, 노동, 환경 등을 둘러싼) 새로운 문제들이, 궁극적 정치 이론이나 과학이 없으니까 정치가 존재한다는 것을 보여 주는 저 문제들이 제기되었다.

7.

그런 문제들이나 그런 폭력에 대해 "진실되고 자유롭게 말하는 것"은 사실 한 사회가 쉽게 용인하는 무언가가 아니라는 점을 푸코는 알게 되었다. 미완성인 일련의 강의와 저술에서 푸코는 우리의 구성 그 자체에 폭력의 문제를 도입한다는 것이 정치 자체에 대한 우리의 이해에서 무엇을 뜻하는지 물었다. 그 문제는 폭력이 국가로 변증법적으로 전환된다는 헤겔의 도식뿐 아니라 국가-주권이라는 홉스의 아이디어로도 환원될 수 없다.[46] 아마도 "주권"이라는 아이디어 전체가 여

---

45 Foucault, *The Foucault Reader*, ed. Paul Rabinow, Pantheon, 1984, p. 35. 나의 *Philosophical Events Essays of the Eighties*(Columbia Univ. Press, 1990), pp. 21 이하를 볼 것.

46 Michel Foucault, *"Il faut défendre la société"*(Seuil/Gallimard, 1997)를 볼 것.

전히 신학의 한 조각이라고 푸코는 시사했다. 스피노자가 "정치-신학적"이라고 분석했던 것의 현대적 흔적이라는 것이다. 이렇듯 칼 슈미트Carl Schmitt와 대립해서 푸코는 "만인에 대한 만인의 전쟁"을 국가의 기원으로 보는 홉스의 허구와 의절하고, 그 대신에 권력 혹은 정치에 대한 ("사법적"이거나 "신학적"인 것과는 구별되는) "전략적" 착상을 제안했다. 주어진 조건에서 특정 문제들과 관련해서 수행되는 일종의 전쟁으로 보자는 것이다. 푸코는 주권에 대한 바타유의 아이디어를 일종의 "퇴행"이라고 보는 데까지 갔다.[47] 따라서 정치(혹은 "정치적인 것")에 대한 그런 착상은, 국가-주권보다 먼저 오며 실제로 우리를 주체로 만들거나 구성하는 것 속에 있는 변증법화할 수 없는 폭력을 포함하는 저 문제들을 잘 이해할 수 있게 한다. 그렇다면 그런 폭력에 대해 진실되게 말하는 것의 비용과 위험부담은 무엇일까?[48] 왜냐하면 주관적으로 혹은 간주관적으로 단순히 "표상"될 수 없는 일종의 폭력을 다뤄야 하기 때문이다. 그런 폭력은 전에 없던 곳에서 연결들과 결연들을 창조해야 하는 "정치를 묻는" 방식뿐 아니라, 다른 덜 직접적인 표현 스타일들을 요구한다. 그렇게 물으면서, 푸코는 들뢰즈의 문제와 합류한다. 그 문제는 『성의 역사』에서 "욕망"보다 "쾌"를 선호한 푸코를 뒤집는 주석에서, 들뢰즈 자신이 푸코의 "사디즘" 방식보다 "마조히즘" 방식으로 제기했다고 시사하는 문제다.[49]

47 Michel Foucault, *The History of Sexuality*, vol. 1, Random House, 1978, p. 150.
48 이 점에 관해, 나의 『진실과 에로스』(*Truth and Eros*, Routledge, 1990)를 볼 것.
49 Gilles Deleuze, "Désir et plaisir", *Magazine littéraire*, no. 325, Oct. 1994, pp. 59 이하.

문제의 한 판본은 "참을 수 없는 것을 보여 주는 것"으로, 들뢰즈는 푸코가 실은 그것을 네오리얼리즘과 공유한다고 생각했다. 다른 판본은, 프리모 레비Primo Levi가 (죄와 응징과 구별되는) "인간이라는 것의 수치"라고 부른 것이다. 또 다른 판본은 "고기"를 보여 주고 그럼으로써 그 무엇도 설명하지 않는, 구상과 서술에 앞선 "감각의 폭력"을 사진의 클리셰와 연관되는 일종의 "선정적 폭력"에 대립하려는 베이컨의 시도다. 각 경우에 우리는 지배나 승화와 무관한 폭력과의 관계를, 즉 오히려 "진단적"이거나 "진료적"인 관계를 발견한다.

들뢰즈가 "진료적인" 종류의 "비판"이라는 이 아이디어를 정교화한 것은 마조흐 소개에서다. 들뢰즈가 생각하기에 마조흐와 사드가 결과적으로 서로 합쳐진 질병 이름이 되기 전에, 이들은 "진단적인" 저자였다. 특히, 칸트가 근대 철학에 도입하려 한 "도덕성"의 일종 혹은 그와 결부된 "문명"의 관념에 동행하는 이상한 병리학을 진단한다는 의미에서 말이다. 들뢰즈는 프로이트가 제기했고 자크 라캉이 「칸트와 사드」라는 글에서 정식화했던, 또한 니체나 카프카에서 다른 형식으로 발견되는 문제를 받아들인다. 즉, 초자아의 도덕성과 그것에 특유한 종류의 잔혹성 혹은 "사디즘"에 더는 종속되지 않는 윤리를 어떻게 가질 수 있을까? 프로이트는 "양심의 역설"을 정교화했다고 들뢰즈는 적었다. 즉, 양심의 감각 혹은 "부름"이 더 크거나 더 세련될수록, 더 많은 죄책감을 느낀다. 라캉이 초자아의 "식탐"gourmandise이라고 부른 것이 그것이다. 즉, 더 많이 먹을수록 더 원한다.[50] 들뢰즈에 따르면 프로이트에게 이 역설의 해결책은 다음과 같다. 우리가 양심이 있어서 욕망들을 억압하는 것이 아니라, 오히려 먼저 우리가 욕망들을 ("승화" 혹은 "문명화"하는 게 아니라면) 억압하니까 양심이 있는 걸 알아야 한다. 따라서 우리는 양심이나 초자아의 도덕성보다 먼저 오는 "욕망의 윤리"의 문제가 있다는 점을 안다. 고대 윤리에서 우리는 '법'이 '선'의 둘레를 돌게 하는 경향을 발견한다. 소크라테스의 자살은 '법'의 정의가 '도시'의 '선'의 요구에 굴복한 것을 극화했다고 볼 수 있다. 칸트는 이것을 혁명적으로 바꿨다. 칸트는 '선'이 '법'과, 복종하라는 "정언" 명령("마치 ……인 것처럼 행동하라")의 둘레를 돌고 있다고 보자고 제안했고, 그런 복종에서 "도구적" 세계로부터의 자유의 원천 혹은 목적과 "가언" 명령을 발견했다. 따라서 프로이트의 역설은 정언적인 내적 의무의 병리학에 대한 진단이다. 사실 칸트는 그 의무를 "목적의 왕국"에 이르는 길 혹은 우리의 자유의 원천이라고 합리화하려 했었다. 사드와 마조흐가 ("병들었다" 기보다) "진단적인" 작가라면, 그것은 부분적으로 그들이 칸트 스타일의 도덕성 속 욕망의 "폭력"을 각기 다른 각도에서, 사드는 제도와의 관계에서, 마조흐는 계약과의 관계에서 폭로하기 때문이다. 성애적인 "마조히즘"은 물론 오랜 현상이다. 그러나 들뢰즈의 생각에 마조흐는 해학적·놀이적 진단을 내리려고 그것을 사용했다. 그것은 가령 『모피를 입은 비너스』처럼 소수 종족의 "마조히즘적" 태도나 행위 안에서 이상화된 "차가운" 여성이 벌이는 역할에 대한 진단이다. 같은 방식으로, 카프카의 폭력적 유머에 있는 "마조히즘적" 요소들은

---

50 PSM, pp. 71 이하. 나의 『진실과 에로스』를 볼 것.

"문을 두드리는 악마적 힘들"에 대한 더 큰 진단의 일부를 형성한다.

　　그러면 우리는 욕망 속 그런 폭력의 진단으로, 혹은 칸트 유형의 도덕주의 안에서 그것이 폭로하는 종류의 병리학으로 무엇을 만들어야 할까? 바로 여기서 들뢰즈는 프로이트와 바타유하고 단교한다. 들뢰즈의 생각에 이들은 니체나 그 전에 스피노자가 진단한 '사제'의 형상을 너무 많이 간직하고 있다. 들뢰즈가 생각하기에 "원"억압이나 위반에 더는 기초하지 않는, 더 "건설주의적"이고 더 "조성적인" 욕망에 대한 다른 관점이 필요하다. 니체에서 문제는 고대 비극에서 발견되는 폭력(과 폭력에 대한 취향)과 묶여 있다. 가령 『안티고네』를 읽으며 개별적인 법들이나 도시의 선에 항상 앞서는 이 '법'과 우리가 그것에 영향을 미치려 할 때 일어나는 일을 극화한 여주인공으로 볼 수 있다. 그러나 들뢰즈는 폭력의 문제를 불복종의 그런 "오이디푸스적" 형상들을 넘어 니체의 아리아드네에 있는 긍정의 신비를 향해 밀고 가려 했다.[51] 『햄릿』은 변화의 징표다. 거기서 우리는 시간에 대한 새로운 생각을 발견한다. 그것은 복수의 비극적 "순환"을 넘어 "삶의 긍정" 및 그와 분리할 수 없는 전前주체적·전前의미적 폭력을 고려할 수 있을 것이다.

8.

오이디푸스나 안티고네와 달리 햄릿은 들뢰즈에게 새로운 종류의 영

---

51 CC, pp. 126 이하. 또한 "Nietzsche", PI.

웅이다. 햄릿은 자신으로 되돌아가는 "퓌시스"physis 즉 자연뿐 아니라 선행하는 '법'에서 해방된 다른 시간 속에서 움직이기 시작한다. 훗날 들뢰즈는 "도시의 시간이며 오직 그뿐인 시간"[52]이라 부른다. 그것은 "메시아적" 시간이 아니라 더 바로크적인 시간으로, 나름 가면 놀이를 하고, 극중 행위, 등장인물, 기호나 이미지가 바뀌는 방식 속에서 드러난다. 고전극은 일이 "그 안에서" 일어나는 운동의 견지에서, 특히 "등장인물"을 만드는 말과 행동의 견지에서 시간을 그려 내는 경향이 있었다. 하지만 철학은 물론 문학에서도 그런 운동에 들어맞을 수 없는, 시간에 대한 다른 견해를 보이기 시작한다. 가령 들뢰즈의 생각에, 단편소설에서 무슨 일이 일어났는가의 문제는 탐정소설에서처럼 앞으로 밝혀질 숨은 내용인 그런 종류의 비밀로 전환되지 않고 오히려 몸의 "위치"보다 "자세"에서 표현되며 앞으로 일어날 수도 있을 것을 모호하게 지적하는 무언가로 전환된다.[53] 따라서 이 다른 시간은 "우리 안에" 있고, 우리의 몸과 몸의 존재 양식 속에 일종의 힘 또는 역량으로 표현되거나 함축되어 있다. 들뢰즈는 이 시간을 끌어내려 했으며, 실제 『영화 2』는 그 시간과 그 시간이 전후 영화를 지배했던 그런 종류의 "운동"과 대립하는 방식에 대한 복합적 연구로 읽힐 수 있다. 들뢰즈의 생각에 철학에서는 그 문제는 칸트가 시간을 "직관의 형식"이라고 생각하자고 제안했을 때 정식화되었고 베르그손이나 제임스 같은 철학자들에게 길을 예비했는데, 이들은 일종의

---

52 CC, p. 42.
53 MP, pp. 235 이하.

미규정과 다양체를 그런 시간과 그것의 직관에 도입했으며, 따라서 영화가 "시간-이미지"를 통해 해내려 한 것을 예기했다.[54]

　따라서 들뢰즈에게 햄릿은 의심이나 회의론의 영웅이 아니라 오히려 사람을 자신의 자아나 성격에서 분리해서 다른 뜻밖의 지점들이 출현하는 역사의 저 지점들로 노출할 수 있는 이 다른 시간의 영웅이다. 그는 "시간은 마디에서 벗어나 있다"고 선언하는 자다. 순환적이건 직선적이건, 그 어떤 앞선 운동의 "마디들"에서 벗어나 있다고. 그는 "돌아오지도" "앞으로 가지도" 않으며 부단히 자신의 경로를 이탈하는 이 다른 시간 속에서 운동해야 하는 자다. 일들이 되돌아갈 수도 있을 근원적인 본성이나 계약으로부터 행위자, 행위, 등장인물의 문제 전체를 제거하고 그 문제를 자연의 순환에 묶이지도 않고 신의 법에 복종하지도 않으며 오히려 우월한 고안물superior artifice의 놀이를 통해 표현되는 이 "도시의 시간"의 사안으로 만드는 것이 바로 이 시간과 그것의 직관이다. 플라톤이 시간의 문제를 도시 혹은 폴리스의 (따라서 "시민"과 "공민"의) 개념에 도입했을 때, 그 문제는 초월이라는 독이 든 선물과 함께 왔다. 플라톤이 상상한 것은 우리가 이미 선재先在함 속에서 보았지만 잊어버린, 하지만 이 불완전하고 불공정하고 덧없는 세상에서 영혼 속에서 모방하는 법을 배워야 하는, 순수하고 완벽한 무시간적 폴리스-이데아 혹은 폴리스-계획이었다.

---

54 "마디에서 벗어난 시간"은 "도래할" 시간이지만 메시아적 시간은 아니다. 대신에 마르크스에서, 그것은 『루이 보나파르트의 브뤼메르 18일』에서의 비극과 소극(笑劇)의 관념을 다시 생각하는 것의 문제다. DR, pp. 123 이하.

말하자면 플라톤은 얼마간 적합한 실효화나 예화 속에서 여전히 같은 것으로 남아 있는 순수 형상들의 모방에 도시의 시간을 종속시켰다. ──실제로 문제 전체는 시간을 형상과 질료의 연계를 통해서는 주어지지 않는 다른 종류의 "계획"과 연관시키는 것이었었는데도 말이다.

따라서 시간의 문제가 인간과 신국神國이라는 신학적 맥락에서 재도입되었을 때, 플라톤의 독은 남게 된다. 들뢰즈와 통하는 일탈은 아마 조르다노 브루노Giordano Bruno나 플로티노스에서나 발견된다. 들뢰즈가 생각하기에, 스피노자는 바로크의 라이프니츠와 함께 플라톤의 계획에서 벗어나, 시간이 물질에 강요된 형상이기보다 물질적인 것 안에 있는 복잡화하는 힘이라는 것을 발견한다. 이렇게 라이프니츠는 "공가능성" 문제를 도시라는 관념 혹은 도시의 시간에 도입한다. 스피노자는 한 걸음 더 나아가, 신학-정치적 전통 바깥에서 영원성의 "관점"을 독자성과 그것의 조성이라는 관점으로 생각하자고 제안했다. 실제로 스피노자가 행위자나 의지를 행위에 앞서며 행위의 원인인 정신적 사건으로 보는 데카르트의 관념에서 벗어나 그 대신에 "표현주의적"이거나 "건설주의적"인 견지에서 자유의 문제를 제기할 수 있었던 건 바로 이런 식으로였다.

따라서 니체의 영원 회귀 관념의 비밀은 들뢰즈에게는 이 실을 다시 이어, 영원하지도 덧없지도 않으며 오히려 "반시대적인" 시간의 견지에서 정립하는 것이다. 왜냐하면 영원 회귀는 사실 모든 것이 똑같은 것으로 되돌아온다는 사상이 아니라 오히려 차이가 항상 되돌아오며 각 경우에 다시 그런 것이라고 긍정되어야 한다는 사상이기 때문이다. 바로 이런 식으로 그 사상은 "선별적"인 것이 된다. 들뢰즈가 생각하기에, 우리에 선행하며 우리에게 개체화와 발명의 다른 논리를 알려 주는 이 분화하는 혹은 독자화하는 시간만이 우리가 모방하거나 복종해야 하는 "근원적인" 본성, 계약, 혹은 법에서 우리를 해방할 수 있고, 그리하여 우리가 우리 자신으로 진짜로 실험하게 해준다. 말하자면 "하나의 삶"의 긍정은 이 시간의 긍정을 요구하며, 이 시간은 햄릿에서 "도시의 시간이며 오직 그뿐인 시간"으로 나타난다. 다시 말해, 어떤 초월적 모델이나 계획에 앞서 한데 모인 다양하고 복잡화된 존재로 우리 자신을 긍정하기 위해서는, 그런 존재로 우리 자신을 구성하고 표현하기 위해서는, 크로노스Chronos의 시간이 아닌 아이온Aion의 시간이 필요하다.[55] 따라서 니체의 비밀은 죄와 법보다 긍정의 영웅인 아리아드네의 비밀이 된다. 아리아드네는 아버지가 준 실로 목을 매고, 아테네 민주주의의 신화적 영웅에 의해 버림을 받은 후, 해방되어 긍정의 춤을 추고 가벼운 발을 지닌 디오뉘소스와 "약혼"하게 된다.

---

55 LS, pp. 77 이하.

6장 감각

1.

철학과 예술은 플라톤 이래로 이상한 경쟁 관계와 동일시로 가득 찬 미묘한 관계다. 그 관계에 대한 들뢰즈의 관점은 칸트적이기보다 니체적이다. 들뢰즈의 미학은 판단의 형식을 띠고 있지 않고, 오히려 판단을 거부하는 실험과 창조의 형식을 띤다. 들뢰즈는 칸트에 대해 그는 결코 판단의 **비판**을 진짜로 행하지 않았다고 말한다. 들뢰즈는 묻는다. "예술에서 어떤 전문가 판단이 도래할 작품에 영향을 줄 수 있으랴?"[1] 그러나 들뢰즈의 철학은 판단하지는 않더라도 예술들 및 우리가 "예술"이라 부르고 싶은 것으로부터 "선별"한다. 들뢰즈는 말한다. "문학적인 의도를 지니고 책을 만드는 사람 중에 극소수만이 자

---

1 CC, pp. 158과 169. 들뢰즈가 생각하기에, 스피노자는 "신학-정치적"인 것의 비판에서 특히 판단 너머까지 이른 사람이다.

신을 작가라고 부를 수 있다."[2] 이와 유사하게 들뢰즈는 영화의 역사를 "긴 순교자 열전"[3]이라고 본다. 들뢰즈는 마지막 글에서 이렇게 털어놓는다. "필경 비밀이 있다면 존재하게 만드는 데 있지, 판단하는 데 있지 않다."[4]

그렇지만 철학과 예술의 관계는 들뢰즈에게는 본래적이다. 들뢰즈의 생각에, 철학에 대한 비철학적 이해는 예술 속에서 예술을 통해 작동하고 있으며, 철학은 항상 그런 이해를 전제하며 실제로 부분적으로 그런 이해를 향해 전달된다. 많은 작가나 예술가가 가령 스피노자를 이런 식으로 "이해"해 왔다. 그들은 자기 작품에서 일종의 "스피노자주의"를 발명했으며, 그것은 이번엔 스피노자에서 "내재면"과 "조직면" 간의 차이를 구체화하도록 도와준다.[5] 그런 비철학적 이해들 속에서 문제들을 정식화하고 개념들을 해명하는 작업은 다른 한편 그 자체가 철학적 활동이다. 따라서 (영화에 기성 개념들을 적용하는 것과 달리) 영화 안에 "주어져" 있는 "개념들을 생산"하면서, 들뢰즈는 자신이 영화가 스스로는 할 수 없는 무언가를 하고 있다고 여긴다.[6] 예술과 철학의 관계는 요컨대 판단과 대상의 관계가 아니라 오

---

2 CC, p. 17.

3 C1, p. 8.

4 CC, p. 169.

5 SPP, p. 128. 들뢰즈는 면의 두 종류 혹은 두 의미 간의 차이를 "이해하는" 데 (괴테보다) 횔덜린(Friedrich Hölderlin)과 클라이스트(Heinrich von Kleist)의 협력을 받는다. 예술과 철학을 동시에 밝히는 데 도움을 주는 이런 종류의 공진은 가령 비트겐슈타인을 만난 데 대한 "당신은 나입니다!"라는 루스(Adolf Loos)의 언급에서도 볼 수 있다.

6 C2, pp. 365 이하.

히려 서로 다른 두 종류의 실천 또는 활동 사이의 "공명과 간섭"의 관계며, 둘 중 어느 것도 다른 것 "위에" 있지 않다. 가령 들뢰즈가 라이프니츠에 대한 책에서 정교화한 "바로크"라는 범주는, 우리가 여전히 "접고, 펼치고, 다시 접기" 때문에, 역사적 용법은 물론 현대적 용법도 있고 예술적 함축은 물론 과학적 함축도 있는 독자적인 건조물construct이며, 들뢰즈가 베르그손을 거쳐 발전시킨 "영화"cinema라는 아이디어 자체도 베르그손이 그 신예술을 어떻게 보았느냐와는 상관없이 메츠나 구조주의의 이론과는 불화하는 독창적인 것이었다. 각 경우에 우리는 들뢰즈에 의해 "생산된" 복합적 개념을 발견하며, 역으로 그것은 들뢰즈 자신의 철학에 대한 비철학적 이해를 제공하거나 그리로 초대한다.

이렇듯 철학을 한다는 것은, 현재는 물론 과거의 예술들과도 공명하고 간섭하는 개념들을 제작한다는 것이다. 그것은 특정 이론에 의해 이미 공급된 개념들을 단순히 적용하는 일이 아니다. 이런 단순 적용은 들뢰즈가 생각하기에는 정신분석이 특히 언어학과 동맹을 맺었을 때 일어났던 일이다. 왜냐하면 개념들은 항상 다시 생산해야 하고, 위대한 비평가는 이미 있는 이론으로 무장하고 오는 자가 아니라 새로운 문제들을 정식화하거나 새로운 개념들을 제안하는 일을 돕는 자기 때문이다. 따라서 "이론에 반대하는", 들뢰즈의 다양체의 프래그머티즘의 일면이 있다. 생각되어야 하는 것이 아직 주어지지 않은 곳에서만 진짜로 생각할 수 있다. 따라서 철학이 예술이나 비평에 많은 "용법"을 던질 수 있다 해도, 철학은 항상 자신이 하늘에서 떨어져 그저 "적용"만 할 수 있을 새로운 이론으로 등장하는 데 저항해야 한다. 철학은 이론이 아니기 때문이다. 철학은 "생각되지 않은 것"이라는 이 기묘한 지대로 텀벙 빠져드는 예술이며, 그 지대는 클리셰와 기성 관념들을 불안정하게 하고, 그 속에서 예술과 사고는 살아나게 되고 상호 공진을 발견한다.

하지만 그래서 들뢰즈의 미학에는 더 깊은 복합이 있다. 그가 예술에서 끌어내거나 생산하는 개념들은 자신의 "생각에 대한 상"을 상정하고 있거나 해명을 돕는다. 따라서 들뢰즈의 미학은 일종의 "철학 내부의" 투쟁에 관여한다. 그의 모든 비평에서는 철학이 그동안 복무해 온 "생각에 대한 독단적 상"에서 벗어나는 길을 철학에 보여 주도록 예술에 요청하는 특유의 절차가 발견된다. 우리는 러시아 소설 속 백치의 경우나, 플로베르가 자신의 저술을 겨눈 그런 종류의 "어리석음"과 "히스테리"에서 이미 이것을 본 적이 있다. 이와 유사하게 영화 연구에서 들뢰즈는 (영화산업films[7]의 일반성과 구별되는 것으로서) 영화의 최고의 기능은 나름의 특유한 수단을 통해 생각한다는 것이 무엇인지를, "생각되지 않은 것을 생각"하는 것이 가능하려면 몸과 뇌와 "정신적 자동기계"는 무엇이어야 하는지를 보여 주는 것이라고 선언한다. 실제 들뢰즈는 이 기준에 따라 영화산업의 일반성으로부터 "영화"를 선별했다고 정확히 말할 수 있다.[8] 하지만 같은 절차가 프루스트 연구에서 이미 발견되는데, 거기서 "생각에 대한 상"이

---

7 [옮긴이] 들뢰즈는 cinema와 films를 구분하는데, 문맥상 이 둘이 혼동되지 않을 때는 모두 '영화'로 옮겼고 지금처럼 혼동해서는 안 되는 경우에만 films를 cinema와 구분하여 '영화산업'으로 옮겼다.

8 C2, p. 219.

라는 용어가 처음 도입되었다. 들뢰즈는 거기서 문학의 특유한 "지성"intelligence이라는 프루스트의 착상의 협력을 받아 생각에 대한 플라톤적 상을 다시 생각하고, "복합된 시간"의 관념을 상기라는 착상에 도입하며, "잠재성" 관념을 본질에 대한 학설에 도입한다. 하지만 들뢰즈의 비평에서 그런 철학 내부의 절차의 목표는 결코 "미학주의적"이거나 "텍스트주의적"이지 않다. 예술이나 텍스트를 선호한 나머지 철학을 포기하거나 둘 간의 모든 차이를 되돌리려는 어떤 시도도 없다. 들뢰즈의 생각에, 카오스나 복잡성 같은 현대적 관념을 둘러싸고서도 사정은 마찬가지인데, "분간 불가능 지대"가 나타나기는 한다. 반대로 목표는 철학의 "특유성"과 철학이 할 수 있는 것을 더 잘 규정하는 일이다. 따라서 철학에 충분한, 예술에서의 하나의 "생각에 대한 상"은 없다. 각 경우에 생각에 대한 상을 추출하는 일은 개별 작품이나 그 매체를 독창적인 방식으로 돌이켜 성찰하는 일이다.

특히 우리는 들뢰즈가 철학에서 "스타일"의 문제를 정식화할 때 이것을 본다. 철학이 항상 "스타일"을 갖는다는 것은 철학과 예술 간의 모든 구분을 지우는 것이 아니라 반대로 철학을 예술에 새로운 방식으로 연결한다. 왜냐하면 철학에서 스타일은 정확히 말해 그것에 특유한 개념들을 얻기 위해 언어를 펼치는 방식이기 때문이다.[9] 활판 인쇄술이나 그래픽 디자인에 대한 여담에서 들뢰즈가 말하듯, 스타일은 결코 생각의 대체물이어서는 안 된다. 실로 최선의 스타일은,

---

9 PP, pp. 192 이하. 스피노자의 스타일에 관해서는, pp. 224~225를 볼 것.

스피노자의 『에티카』의 조용한 기하학을 가로질러 달리는 비밀스런 "화산의 선"과 마찬가지로, 아무것도 아닌 것처럼 보이는 스타일이다. 동시에 스타일은, 푸코가 시사하듯, 철학의 특유한 "금욕" 혹은 "훈련"의 문제다. 따라서 가령 플라톤의 대화 형식은, 사물들이나 이미지들 안에 있는 불완전한 예화들로부터 형상들을 캐내기 위한 변증법적 경연에서 "친구"와 "지혜"의 역할에 어울린다고 들뢰즈는 생각한다. 이 "개념적 겨룸"은 철학과 희랍 스포츠 및 희랍 극이 맺는 관계를 보여 주고, 개념의 "운동경기"와 "개념의 친구들" 간 "운동경기"를 드러내는데, 그것은 훗날 가령 『감시와 처벌』에서 푸코 자신의 스타일 같은 종류의 "전투적 명료성" 속에서 발견된다. 실로 들뢰즈는 "개념적 인물상들" 없이는 철학은 없다고 생각한다. 하지만 그 인물상들은 허구적 혹은 예술적 인물상과 혼동되면 안 되며, 사회학적 유형으로 생각되어서도 안 된다.[10] 설사 푸코에게 플로베르의 히스테리 환자나 보들레르의 당디처럼 새로운 개념적 인물상들과 "공진들"이 있을 수도 있지만, 혹은 뒤샹이나 워홀의 경우처럼 철학과 예술의 관계에서 새로운 "분간 불가능 지대"가 생겨날 수도 있지만 말이다.[11] 데카르트의 백치나 라이프니츠의 변신론자 같은 개념적 인물상들이 이렇듯 예술에서 "공진들"을 지니고, 나아가 사회적 혹은 정치적 인물

---

10 QP, pp. 63 이하.

11 "어리석음"을 공격하는 플로베르의 이미지를 이어 가는 인물로서 워홀에 대해서는 Foucault, "Theatrum Philosophicum", p. 361을 보고, 또한 도서관의 환상에 대한 논문[Foucault, "Fantasia of the Library", *Language, Counter-Memory, Practice*, Cornell University Press, 1980]의 개정판을 볼 것.

들과 "공진"하는 것도 무리가 아니다. 그러나 철학에서 스타일을 창조하는 문제는 다른 영역에서 그런 인물들을 단순히 채용하는 것이 아니다. 스타일은 단어나 이야기가 미리 존재하지 않지만, 모호한 필연성으로써 우리를 내리누르는 저 독자적 관념들을 위한 인물상들과 경연 혹은 게임을 창조하기 위해 언어를 구부리고 변형하는 문제다.

따라서 특유한 단어 사용("개념" 자체를 포함해), 계열 혹은 고원에서의 조성, 이질적이고 이음매 없는 "매끈함", 분명한 유머가 있는 들뢰즈 자신의 스타일에 대해, 그것은 "적용"은 좌절시키되 "사용"을 고무하려 하며, 그래서 다른 비철학적 영역에서 창조나 생각을 자극하는 "조정자" 역할을 한다고 말할 수 있다. 따라서 그것은 실천 속에서 "생각에 대한 상"을 보여 주는 데 도움을 주며, 우리가 보았듯 들뢰즈는 자신의 논리에서 그리고 "하나의 삶"에 관한 자신의 관점에서 이 상을 추구했다. 역으로 그의 논리와 그의 생명론은 그의 미학에서 두 개의 기본 원리로 나아간다. 왜냐하면 들뢰즈는 논리에서 코드, 언어, 그리고 이런 의미에서 "매체"의 설립에 앞서는 "의미"의 관념을 만들어 냈기 때문이다. 이 모든 아이디어는 예술과 예술에 관한 논의에서 아주 중요한 역할을 해 왔다. 바로 그런 의미의 논리가 예술에서의 기호와 이미지 연구에 언어나 코드로 환원되지 않는 특별한 지위를 부여한다. 우리는 이것을 프루스트의 기호 분석뿐 아니라 영화의 "이미지" 분석에서도 발견한다. 각 경우에 기호와 이미지는 진실과 명제의 논리보다 "의미와 사건"의 논리에 속한다. 더 일반적으로, 들뢰즈에게 예술은 공적 의미Sinn 혹은 "통념"이라는 제도를 통해 식별되는 의미작용, 지시, "의도"를 얻기 전에 "뜻이 통한다"make sense고 말할 수 있다. 따라서 들뢰즈의 비평에서 문제는 각 경우에 이렇게 주어진 예술작품이나 예술형식이 "다양체를 건설"하려 하는 층위에 도달하는 것이다. 예술이나 예술작품, 그것의 제도나 대중에 대해 수용된 많은 관념은 이 문제적인 "의미의 층"과 관련해서 다시 생각되며, 들뢰즈는 이것을 주어진 작품이 제기하는 독창적인 개념적 문제들을 정식화하면서 주어진 작품에서 추출하려 한다.

하지만 그래서 두 번째 원리가 있다. 왜냐하면 한 작품이 특정 사회나 상황에서 공간과 시간에서 전개될 때 "하나의 삶"의 문제를 제기할 수 있는 건, 그런 "전前언어적이고 전前주체적인" 의미를 만들 때뿐이기 때문이다. 따라서 각 작품이나 각 예술형식에는 논리와 삶이, "멋진 비인물성"과 "삶의 가능성"이 교차하는 결절점이 존재한다. 들뢰즈의 비평에서 목적은 그것을 새롭게 발견하는 것이다. 따라서 그의 비평은 철학이 예술과 정확히 공유하는 특유한 의미에서 "진단적"이다. 그 의미란 니체가 안락함과 안전의 "좋은 건강"과 구별해 "큰 건강"이라고 부른 것이다. 실로 들뢰즈는 아마 니체 이래로 미학을 "기쁜 앎"으로 실천하는 법을 찾아낸 최초의 인물이다. 그는 니체의 알프스의 아포리즘에서 그 미학을 추출해 도시적 "현대성"의 심장 속으로, 즉 플로베르뿐 아니라 워홀에 있는, 카프카뿐 아니라 버로스William Burroughs에 있는 "현대 작품"의 바로 그 의미 속으로 재주입했다. 왜냐하면 필경 그것이 미학을 재판정과 판단으로서가 아니라 개념적 실험과 새로움의 긍정적 놀이로 실천하기 위한 비밀이기 때문이다.

2.

영화에 관한 두 권의 책 끝에서 들뢰즈는 결국 예술작품과 특히 현대 예술작품에 대한 더 넓은 착상의 무언가를 포획하는 결론에 이른다.[12] 들뢰즈는 말하길, 그의 연구 대상이었던 "영화"라 불리는 것은 언어도 서사 코드도 혹은 기호-체계도 아니며 오히려 "예술-생성"을 통해 주어진 "지적 재료"intelligible material다. 그 재료는 실은 이미지와 기호의 서로 구별되는 "체제"(하지만 코드나 언어는 아닌)인 운동-체제와 시간-체제를 각각 포함하는 서로 다른 두 "예술-생성"을 통해 주어졌다. 그런 "예술-생성"의 아이디어는 알로이스 리글Alois Riegl의 Kunstwollen 즉 "예술 의지" 관념에서 자유롭게 채용했다. 리글에서처럼 그것은 그 어떤 단순한 역사적 혹은 맥락적 결정론과도 대립한다. "이 연구는 역사가 아니다"라고 들뢰즈는 "영화"에 대한 작업을 시작할 때 선언한다. 어떤 "표현적" 혹은 "지적" 재료에 형식을 주는 "예술 의지"라는 그림은 복잡하고 종종 극적인 방식으로 두 권 각각에서 발전되며, 영화 연구를 끝맺는 물음으로 간다. 인공적인 것과 자연적인 것 간의 모든 구분을 흐릿하게 하는 경향이 있는 우리의 현대 전 지구적 원격 정보 문화에서, 어떤 새로운 표현적 재료와 예술-생성을 (기호와 이미지의 어떤 새로운 "체제"를) 여전히 발명할 수 있을까?

그러면 이 그림은 무엇을 포함할까? 지적 "재료"는 이미 코드화된 매체 안의 물질이나 내용과 혼동되면 안 된다. 그 재료가 모습을

---

12 C2, pp. 342 이하.

갖추게 되는 "예술-생성"은 역사와 혼동되면 안 된다. 오히려 그것은 실험에 쓰일 새로운 역량들 혹은 힘들이 재료 속에서 현행화하는 것이다. 따라서 저 위대한 산업 예술인 영화 속에서 두 "체제"를 구분할 수 있다. 각각은 특정한 사회적·정치적 조건에서 유래하며, 실로 예술뿐 아니라 사고와 지식인의 역할을 위한 서로 다른 가능성과 어울린다. 다가오는 전쟁은 하나에서 다른 하나로의 전환을 표시하는 더 큰 사건이다. 하지만 아무도 그런 "예술-생성"을 예언하지 못했고, 혹은 심지어 회고적으로 충분히 설명하지 못했다. 실로 바로 그런 이유로 "예술 의지"의 개입이 필요했다. 왜냐하면 문제의 "의지"는 주관적 의도들의 합도 집단적 프로그램의 표현도 아니었기 때문이다. 그것에는 다른 의미와 다른 효과들이 있었다. 실로 "나"와 "우리"는 그런 "예술-생성"보다 앞에 오지 않으며, 반대로 그것의 발명과 실험의 일부를 형성한다. 따라서 "예술 의지"는 어떤 주어진 대중과 함께 시작하지 않고, 어떤 기성의 "간주관적" 판단 "규범"에도 따르지 않으며, 어떤 사회학적 혹은 제도적 정의로도 환원되지 않고, 교황 같은 우두머리가 있는 아방가르드에 의해 억제되거나 지도될 수도 없다. 그것이 정확히 그것의 힘이고 가망이다.

따라서 영화 속의 운동과 시간 이미지의 연이은 "체제"들을 이런 식으로 연구하면서, 들뢰즈는 자신의 미학에서 두 개의 더 큰 원리를 만들어 냈다고 말할 수 있다. 첫째 원리에 따르면, 표현적 재료의 "예술-생성"에 관여된 자들, 즉 그것에 이끌렸거나 그것에 의해 변형된 자들, 혹은 그것을 통해 새로운 것들을 보고 말하는 방법을 발명하는 자들은, "예술-생성"보다 먼저 존재하지 않으며 오히려 그 과정에서 발명된다. 예술에 "의지"가 있더라도, 그것은 어떤 알려지거나 식별할 수 있는 "행위자"에 속하지 않는다. 오히려 그것은 아직 형성되지 않고 코드화되지 않은 어떤 표현 재료 덕분에, 새로운 방식으로 말하는 동시에 보고, 서로 개입하고 공진하는, 많은 서로 다른 사람들과 분과들이다. 필경 시간-이미지가 운동-이미지보다 이 원리를 더 잘 보여 준다. 왜냐하면 "군중의 메커니즘"을 볼 수 있도록 도와준 운동-이미지에는 지식인에 의해 "대표"될 수 있는 일종의 집단 행위자라는 가상이 여전히 담겨 있기 때문이다. 그 가상은 히틀러에 의해 이용됐다(그리고 파멸했다, 라고 지버베르크를 따라 들뢰즈는 주장한다). 전후에 그런 가상들은 더는 신뢰할 수 없는 것 같았고, 다른 종류의 "예술-생성"이 영화의 표현적 재료 속에서 생겨났다. 그것은 어떤 집단적 계획이나 프로그램도 없고, 따라서 "행위자"의 문제 혹은 "행위자의 시간"을 다른 식으로, 결국 "소수자"의 견지에서, 그리고 소수자가 다수자의 공식 역사에 "생성"을 삽입하는 방식으로 제기하는 참을 수 없는 무언가를 보여 주기 시작했다. 따라서 전쟁 후에 온 시간-이미지와 함께 영화는 말하자면 "민족이 행방불명이다, 민족이 없다"고 가장 분명하게 대놓고 말했으며, 들뢰즈는 이것을 "예술 의지"의 더 일반적 특징으로 만들길 원했다. 그것은 전에는 다른 식으로, 한편으로 카프카에 의해 편지에서, 다른 한편 클레Paul Klee에 의해 바우하우스Bauhaus에서 발견된 무언가다. 따라서 들뢰즈는 말하게 된다. 모든 예술에서, 모든 예술을 위해, 민족은 주어져 있지 않고 새로 발명되어야 하며, 따라서 가령 개념 예술이 단지 "개념을 사회체 혹은 위대한 미국 도시의 의견으로 되돌려 보내는" 데 이바지하는 방식을 경계해야 한다.[13] "예술-생성"의 전제로서 아직 있지 않은 민족은 "대중"이나 "대중"에 의해 전제되는 초월적인[14] 간주관적 규범들과 혼동되면 안 된다. 반대로 그 민족은 왜 예술이 (그리고 사고가) 결코 "소통"의 문제가 아닌지, 왜 그것들을 위해 항상 너무 많은 "소통"이 있는지 보여 주는 것을 도와준다. 왜냐하면 그것이 전제하는 것은 다른 종류의 조건, 초월적 조건이 아닌 실험적 조건이기 때문이다. 따라서 우리는 "예술 의지"의 두 번째 특징, 또는 그것을 격려하려 하는 미학의 두 번째 원리를 발견한다. 만약 예술 혹은 "예술을 하려는 의지"가 행방불명인 민족, 도래할 민족을 전제한다면, 예술이 특유의 조건에서, 새로운 무언가가 생겨나는 조건에서 생겨나기 때문이다. 따라서 들뢰즈 미학에서 한 가지 문제는 이 조건이 무엇이며, 어떻게 그것이 판단의 초월적 조건을 발견하려는 시도와 대립하는지 말하는 것이다. 왜냐하면 이 경우에 "새로움"은 알려져 있거나 가시적인 "유행"과 그것이 조작되고 촉진되는 방식과 혼동되면 안 되며, 반대로 우리가 보지 못하며 아직 볼 수 없는 무언가가, 그것을 볼 수 있으려면 우리 자신이 "지각 불가능"하게 될 필요가 있는 무언가가 우리에게 일어나고 있기 때문이다. 들뢰즈의 미학에서 "예술을 하려는 의지"는 항상 새롭고 독자적이며, 우리보다 앞서고, 우리 자신을 또 다른 민족으로

---

13 QP, p. 187. 들뢰즈의 생각에, 개념 예술은 조성면을 "정보적"(informative)이게 만드는 한편 감각을 그것이 예술인지 아닌지에 관한 관객의 "의견"에 의존함으로써, 개념과 예술 모두를 놓칠 위험이 있다. 개념 예술은 이미지와 단어를 서로 연결하는 규칙성에 앞서고, 개념과 예술이 사실상 서로 만나는, 생각되지 않은 것의 지대에 도달할 수 없는 것 같다.

14 [옮긴이] 이 절에 사용된 transcendental은 의미상 transcendent로 이해해야 한다.

"발명"하도록 우리에게 요구하는 무언가의 출현과 관련된다.

따라서 더 전통적인 "매체"의 관념이 미리 존재하는 주체, 행위자, 혹은 대중을 위한 코드나 언어를 전제하는 이상, 우리는 예술에서 그 관념과 얼마간 거리를 두고 있다. 들뢰즈가 당시의 구조주의나 형식주의의 관념과 투쟁하는 데 참여하고, 종종 형식화되지 않은 표현적 재료라는 착상을 그 대안으로 제시했던 한 가지 이유가 바로 그것이다. 따라서 들뢰즈는 크리스티앙 메츠에 맞서 영화는 일차적으로는, 할리우드에 의해 무비판적으로 이용된, "언어처럼 구조화된" 서사 코드가 아니라고 주장한다. 오히려 서사는 운동-이미지 체제의 형성의 한 귀결일 뿐이다. 따라서 서사와의 결별은 서사 코드에 대한 비판적 자기 지시의 문제 이상이다. 들뢰즈는 다른 곳에서와 마찬가지로 영화에서도 "비판적 자기 지시"라는 관념에 대해 일절 생각하지 않았다. 고전적 서사와의 결별은 오히려 다른 종류의 영화적 "이미지"의 등장이라는 견지에서 이해되어야 한다. 전후에 "이미지"란 무엇인가라는 바로 그 관념에 일종의 위기가 있었고, 그 결과 가령 사회적 내용으로의 회귀보다 네오리얼리즘을 만든 새로운 영화적 절차의 발명으로, 전적으로 새로운 영화적 예술 의지Kunstwollen의 출발로 향했다. 그러나 회화에서도 다르지 않다. 회화는 종종 현대 예술에서 "비판적 자기 지시"라는 관념의 화신으로 여겨진다. 따라서 들뢰즈가 회화에서 "감각의 논리"라고 부르는 것은 칸딘스키Wassily Kandinsky나 몬드리안Piet Mondrian이 꿈꿨던 그런 종류의, 회화의 코드나 언어와 혼동되면 안 된다.[15] 반대로 그것은 코드화되지 않은 "도해적 특질들"을 갖고 작업하며, 이것들은 틀이 짜인 창으로서의 회화라는 고전적 착상에서 나온 물체적 용어로 말하면, 회화적 공간을 창조하는 데 이바지한다.

따라서 회화는 회화적 코드이기 전에 형식화되지 않고 전前주체적인 "표현의 재료"다. 따라서 코드 아래에 놓이게 되는 손과 눈 혹은 얼굴과 풍경 간의 연결은 코드의 가능성을 소진하지 않는다. 더욱이 그런 연결을 취소하는 것은 매체의 비판적 자기 지시의 문제가 아니며, 그와 연관된 추상이라는 정화淨化적 혹은 환원적 관념도 아니다. 가령 프랜시스 베이컨의 "얼굴이 지워진"ef-faced 독자적인 초상에서 우리는 서사, 구상, 혹은 삽화에 앞서며, 새로운 종류의 공간화와 색을 포함하는 무언가를 표현하려는 "의지"를 발견한다. 클레멘트 그린 버그Clement Greenberg의 생각과 달리, 들뢰즈에게 회화는 다른 모든 예술 속에 있는 환원적 추상의 모델이 아니다. 의미작용과 주체성에 앞서는 신체적 공간의 비삽화적 폭력을 발견하려는 베이컨의 시도에서 그렇듯, 회화는 오히려 우리가 익숙하게 보게 된 것 안에 있는 소수의 혹은 낯선 일종의 시각적 작풍idiom이다. 바로 그런 이유로 들뢰즈는 클레의 금언 하나에 끌려 자기 것으로 삼았다. "보이는 것을 다시 제시하지 말고, 보이지 않는 것을 보이게 만들어라." 모든 예술에는 코드와 주체의 형성보다 먼저 오는 것의 폭력이 있으며, 그 폭력은 새로운 방식으로 사물을 말하고 보는 표현적 재료의 조건이기 때문이다.

---

15 나는 『건설들』에서 추상과 도해의 문제를 논했다.

3.

그렇다면 예술이나 예술작품을 그런 폭력과 관련해서 생각한다는 것은 무슨 의미일까? 블랑쇼의 몇몇 아이디어를 발전시키면서, 푸코는 현대 작품에 특유한 "광기"를 일종의 "작품의 부재"absence d'oeuvre, 일종의 "비-작품"un-work으로 이해하려 했다. 이런 식으로 푸코는 조건이나 사건으로서의 담론의 익명성, 혹은 새로운 어떤 것의 출현에 대한 자신의 관점을 재발견한다.[16] 들뢰즈 자신은 종종 이 시도를 언급하면서 자기 방식으로 그것을 발전시킨다. 들뢰즈는 "이다"보다 "······그리고, 그리고, 그리고"라며 외국어를 말하는 것처럼 광경과 언어를 더듬거리게 만드는 것에 대해 논의한다. 그러나 들뢰즈는 그런 "부재"가 마치 어떤 법의 징표이기라도 한 양 그것으로부터 신학을 만들려 하지는 않았다. 들뢰즈에게 그것은 어떤 초월적인 공空 혹은 텅 빔의 문제가 아니라, 다양체 혹은 다양체 만들기의 문제였다. 그는 현대 작품 속 공이나 침묵을 '말할 수 없는 것' 혹은 '볼 수 없는 것'의 신비한 형이상학으로 전환하려는 시도에 이끌린 적이 없다. 그가 현대 작품에서 격리한 문제, 현대 작품이 모든 작품 속에 데려온 "비작품"은 오히려 그가 "미적 의미에서의 가능성, 어떤 가능성, 그게 아니면 난 질식할 거다"라고 부른 것이다. 진부함, 판에 박힌 것, 클리셰, 기계 복제 혹은 자동성 등으로 멍해진 현대 세계에서, 문제는 신학의 대용품이나 "아우라적 대상"이 아니라 독자적 이미지, 생각하고

---

16 Foucault, "La folie, l'absence d'oeuvre", *Dits et ecrits I*, pp. 412 이하.

말하는 생명적이고 다양한 방식을 추출하는 것이다. 그것은 신학적 구도보다는 "조성면"을 창조하는 문제다. 신학적 구도란 위로부터 혹은 독립된 눈으로 본 조직화, 신의 마음 안에 있는 설계, 자연의 추정된 깊이 혹은 사회 권력들로부터의 진화 등을 가리킨다. 따라서 현대 작품은 조이스James Joyce의 문구로 하면 "카오스모스"적이다. 그것은 워홀이 일련의 이미지에 작은 차이들을 도입할 때처럼, 혹은 누보로 망에서 또 다른 더 "강박적인" 방식으로, 표면의 계열들과 변주들을 통해 작업한다. 베케트의 "소진된" 몸의 신체 자세도 "신의 죽음"의 존재론이나 낙담한 신학의 대용품으로 읽히기보다 오히려 모든 가능성이 "소진된" 것처럼 보이는 때에 몸과 세계는 무엇일까에 대한 진단으로 읽힌다.[17] 왜냐하면 문제는 작품 속 "빈 장소"가 아니라 오히려 주체의 형식과 형성의 특정specification보다 앞서 오는 이 다른 "스피노자적" 면, 혹은 다양체 만들기의 문제기 때문이다.

따라서 작품은 "빈 장소"와의 염려스러운 만남과 함께 시작하는 것이 아니다. 작품은 '존재'의 계시나 드러냄을 준비하기 위해 벌거벗으려 하지 않는다. 오히려 작품은 개연성들과 함께 시작해서, 그것들로부터 다른 종류의 조성면에 모인 독자성들을 추출하려 한다. 말라르메Stéphane Mallarmé마저도 그런 선들을 따라 다시 생각되어야 한다. 그래서 들뢰즈는 선언한다. "화가는 빈 캔버스 위에 그리지 않으며, 작가는 빈 페이지 위에 글쓰지 않는다. 페이지나 캔버스는 미리

---

17 "L'Epuisé", post-face to Samuel Beckett, *Quad*, 1992.

존재하며 미리 설립되어 있는 클리셰들로 이미 덮여 있다."[18] 그래서 가능성의 독자적이고 생명적인 공간을 찾기 위해 반드시 닦아 내야 한다. 그 공간은 손댈 수 없는 공이 아니라 오히려 들뢰즈가 때로 "사막"이라 부르는 것이다. 들뢰즈는 베이컨 연구에서, 목표는 "뇌에 어떤 사하라 사막을 넣는 것"[19]이라고 말했다. 왜냐하면 사막은 유목민들 혹은 유목적인 종류의 우연과 공간 분배가 차지하고 있기 때문이다. 그것은 초현실주의적 "확률"과 대조되는, 어떤 주사위 던지기도 폐지할 수 없는 그런 종류의 우연이다. 영화에서의 "이미지"의 문제, 주위의 클리셰에서 이미지가 해방되는 방식, 혹은 레오 스타인버그 Leo Steinberg가 라우션버그Robert Rauschenberg의 합성물에서 이미 보았던 종류의 "뇌"에도 같은 것이 해당한다.[20] 『영화 2』에서 들뢰즈는 우리 문명은 사실 이미지의 문명이 아니라 오히려 클리셰의 문명이며, 모든 문제는 그것에서 참된 이미지를 추출하는 일이라고 외친다. 따라서 우리는 "이미지"(와 뇌)라는 관념 자체를 다시 생각하고, 어떤 앞선 프로그램에서, 관점 혹은 고정된 "시선" 바깥에서 해방해야 한다.[21]

---

18 QP, p. 192.

19 FB, p. 56. 『사하라』(*Sahara: l'esthétique de Gilles Deleuze*, Vrin, 1990)에서, 미레유 부이당스 (Mireille Buydens)는 사하라라는 주제와 "좋은 형식"(혹은 질료나 내용)에 앞선 표현적 물질성의 발견 간의 관계를 유용하게 밝힌다. 이 책 서문에서 들뢰즈는 그런 "비형식적인" 표현적 재료를 "내게 본질적인 것, 이 '생명론' 혹은 비유기체적 역량으로서의 삶이라는 착상"(p. 6)과 결부시킨다.

20 C2, p. 349. 들뢰즈는 "전자 이미지"(비디오와 디지털)의 독특한 특징으로서 수직성과 전면 광경의 상실이라는 "다른 기준"을 독창적으로 사용한다. 또한 PP, pp. 76~78을 볼 것.

따라서 들뢰즈는 어떤 커다란 "포스트모던 절단"이라는 관념을 가진 적이 없었다. 과타리는 그 관념에 아주 적대적이었다. 왜냐하면 이미 모던 작품에서도 문제는 "불안", 부재, 존재가 아니라 "내공", 가능성, 독자성이었기 때문이다. 포스트모던이 자부심을 지니고 있는 아이러니, 회의론, 혹은 인용주의quotationalism에 들뢰즈가 대비시키는 것은, 루이스 캐럴의 논리나 하이데거의 선구자 알프레드 자리의 파타피직스pataphysics[22]에서 보이는 그런 종류의 의미와 무의미의 유머다. 원본과 사본을 더는 구별할 수 없다는 들뢰즈의 "허상"이라는 아이디어는 "극사실주의"가 아니라 오히려 로브그리예나 베케트, 또는 스토아학파 자연학의 이탈하는 원자들처럼 아주 이른 시기에 발견된다. 들뢰즈의 생각에, 모든 예술에서 (혹은 "예술"이라 부를 만한 것에서) 우리는 주어진 가능성, 기성 관념이라는 숨을 막는 의미로부터 해방을 찾으려는 시도를 발견한다. 옛 거장들에게도 우리는 부동성과 긴장병에 맞선, 말하자면 "우울증"에 맞선 투쟁을 발견한다. 그 싸움에는 하나의 논리가 있다. 확률에서 가능성을 추출하고, 통일성에서 다양체를 추출하고, 일반성에서 독자성을 추출하는, "하나의

---

21 C2, p. 33. 이런 점에서, 들뢰즈의 책은 크리스티앙 메츠의 영감을 받은 "시선-이론"뿐 아니라 이미지를 상품화에 의해 도입된 "소외"로 보는 "스펙터클-이론"과도 결별한다. ("행위자"의 결핍이라는 마르크스주의 비평과 반대로) 네오리얼리즘에서 이미지의 문제는 들뢰즈에게 그 어떤 묘사와 판단의 수단도 없는 새로운 상황에서 참을 수 없는 무언가를 보는 예술의 일부를 형성한다. 스펙터클-이론과의 거리는 왜 들뢰즈가 포스트모던의 범주에 이끌리지 않았는지를 설명하는 데 도움을 준다. 새로운 종류의 "이미지"를 창조하는 문제는 이른바 모던 작품과 포스트모던 작품에서 동시에 발견된다.

22 [옮긴이] 물리학(자연학) 너머에(meta) 있는 형이상학과 달리 물리학 곁에(para) 있으면서 상상적 해법을 추구하는 공상적·냉소적·풍자적인 과학 혹은 철학.

삶"의 논리가. 따라서 미학에 대한 들뢰즈의 더 큰 착상의 기본 문제
는 "감각"이라는 관념 자체와 그것과 우리의 관계에, 즉 "아이스테시
스"aisthesis라는 개념 자체에 "내공"의 이런 의미를 도입하는 것이다.
따라서 우리는 감각의 "가능성의 조건"을 찾는 대신 삶과 사고의 다
른 가능성들의 조건을 위해 감각에 기대를 걸 수 있을 것이다.

4.

예술작품의 기원에 대한 강의의 부록에서 하이데거는, "아이스테시
스"는 예술이 수백 년 동안 번민하면서 그 안에서 죽는 요소고, 따라
서 생각의 솜씨는 한 걸음 물러나, 예술이 진실에 관한 것이라는 것의
의미 혹은 세계의 드러냄이라는 것을 재발견해야 한다고 말한다.[23] 들
뢰즈는 다른 방향으로 움직인다. 들뢰즈의 문제는 진실이 아니라 오
히려 "미적 의미에서의 가능성", 즉 "비밀스럽긴" 해도 숨겨진 후 다
시 드러내지는 것이 아닌 무언가다. 따라서 들뢰즈로서는 칸트에서
"aesthetics"[감성론/미학]의 관념이 둘로 나뉜다고 말한다. 가능한 경
험의 조건으로서 "감각의 형식"이 있으며, 그다음 일련의 유비에 기
초한, 일종의 "반성된 실재"로서의 미(와 예술)의 이론이 있다. "강렬
하다"intensive고 여겨지는 현대 작품에서 일어나는 일은, 칸트의 숭

---

23 Martin Heidegger는 *Poetry, Language, Thought* (Harper, 1971), pp. 79 이하에서, "가장 넓은 의
미에서 감각적 파악"으로 혹은 체험으로 이해되는 아이스테시스는 수백 년 동안 "예술이 그 안
에서 죽는 요소"라고 말한다. 왜냐하면 그 대신 예술의 "기원"은 역사적 민족(즉 *Volk*)의 세계
를 드러내는 데 있기 때문이다. 나는 『건설들』에서, 그런 구절에서 하이데거가 "민족"과 "지
상"이라는 관념을 둘 다 오해했다는 들뢰즈의 아이디어를 논했다.

고 관념에서 이미 그랬던 것처럼, 그런 유비와의 절단만이 아니다. 또한 그것은 새로운 방식으로 "aesthetics"의 이 두 측면 혹은 두 의미를 한데 모으고 감각을 실험과 연결해, 그리하여 "감각은 작품이 실험으로 나타나는 것과 동시에 예술작품에서 드러난다".[24] 혹은 들뢰즈가 『차이와 반복』의 놀라운 구절에서 적고 있듯, "아리아드네는 목을 맸다. 예술작품은 재현의 영역을 떠나 '경험'(혹은 '실험')이, 초월론적 경험론 혹은 감각적인 것의 학學이 된다".[25] 따라서 결과로 초래된 "aesthetics"에서, 실험자의 형상이 칸트의 판사를 넘겨받는다.

그렇다면 재현에서 "감각의 존재"를 추출하고 그것을 실험의 문제로 만든다는 것은 무슨 뜻일까? 그 한 예가 푸코가 제시한, 현대 작품의 문제 혹은 현대 작품의 "광기"의 문제리라. 현대 문학은 단어와 이미지의 인식적 혹은 담론적 배열에 앞서는 "언어의 존재"를 추출하며, 에피스테메epistème가 생겨나는 혹은 에피스테메가 잠기는 담론의 "익명의 중얼거림"이라는 요소에 도달한다. 우리와 "언어의 존재"의 관계는 고전 시기의 그것과는 다소 달랐는데, 당시에 언어는 "재현"에 종속되어 있었다. 푸코의 생각에 그것은 우리를 특유의 광기에 노출한다. 따라서 재현에서 감각을 추출하는 것은 그 안에 있는, "나는 생각한다"나 "우리는 판단한다"에 앞서 있으며, 미쳐 있는 비인물적인 무언가를 발견하는 것이다. 그것은 "표상"이라는 칸트의

---

24 DR, p. 94. LS, p. 300을 볼 것.

25 DR, p. 79. 푸코는 이 구절을 이 책 서평에서 중심적인 것으로 만들었다. *Dits et Ecrits* I, p. 767 이하 참조. "초월론적 경험론"에 대해서는 "Immanence: a life", PI를 볼 것.

착상에 여전히 전제되고 있는 주체와 대상의 관계에서 감각을 추출하는 것이고, 칸트의 생각처럼 판단 속에 가정되어 있는 일종의 "공통감"sensus communis에 대한 종속에서 감각을 해방하는 것이다. 따라서 "아이스테시스"는 현대성에, 혹은 미적 판단의 재판정과 다르고 과학과 도덕과도 구분되는(거기에 묶여 있기는 하지만) 또 다른 의미의 현대성에 도달한다. 가령 우리는 아직 보이거나 생각될 수 없는 것을 볼 수 있게 만드는 저 "조명"illuminations 속에서, 혹은 한 도시 안에 있는 서로 다른 도시들처럼 그런 이종의 혹은 다양한 "관점들"이 공존할 수 있는 저 탈중심화된 세계 속에서 그런 현대성을 본다. 들뢰즈가 적고 있듯이, 복수형의 빛들lumières을 더 좋아하면서 **"계몽"**the Enlightenment이라 불리는 전방위에 걸친 프로그램 안으로 모든 것을 삽입하려 하지 않는 현대성 말이다.

왜냐하면 재현에서 감각을 추출하고, 감각을 판단보다는 실험의 문제로 만드는 것은, 선행하는 개념이나 담론에 대한 종속에서 보는 기술the art of seeing을 해방하는 것이기도 하다. 따라서 들뢰즈는 현대 작품이 어떻게 직관과 개념을 연계하는 "도식론"의 관념과 결별하는지 보여 주려 한다. 왜냐하면 그 두 변수의 관계뿐 아니라 그 둘을 연계하는 것은 "도식"이 아니라 오히려 한 작품이 결별해 떠날 수 있는 다른 종류의 조건들이다. 푸코가 보여 주듯, 마그리트가 그 둘 사이의 고전적인 혹은 "재현적인" 연결을 정확히 와해한 방식이 한 예다. 비슷하게 료타르는 현대 작품에서 형상과 담론의 관계가 서술과 구상이라는 고전적 전제에서 어떻게 해방되는지 연구했다.[26] 이 두 작업을 서로 다른 방식으로 의지해서, 들뢰즈는 리글의 "시각적인 것"optic

과 "촉지적인 것"haptic 간의 구분을 확장하자고 제안한다.[27] 들뢰즈는 그 둘이 보기의 서로 다른 두 종류 혹은 봄의 서로 다른 두 "공간화"를 가리킨다고 본다. 가령 이것들은 가깝다고 여겨지는 것과 멀다고 여겨지는 것과 관련된다. 따라서 "촉지 공간"은 현대 작품의 "내포적 공간" 안에서 형태 심리학에서는 소중하기 그지없는 형상과 배경, 눈과 손의 관계와 결별하는 것을 예견한다. 현대 영화에서 탐색된 일종의 "서로 절연된 공간", 혹은 카프카의 '만리장성'에 의해 제기된 문제들, 혹은 투르니에의 『방드르디, 태평양의 끝』에서 "타자" 없는 낯선 세계가 몇 가지 예다. 따라서 이런 다양한 방식으로 현대 작품은 칸트의 도식론이 통합한 것을 나눈다. 모더니즘의 보다 "형식주의적인" 관념들은 여전히 그렇게 가정하고 있지만, 현대 작품은 말하기와 보기가 개념과 직관, 형식과 내용, 기표와 기의로서 서로 연관되며 등장하지 않는다는 것을 보여 준다.

따라서 재현에서 감각을 추출하는 것은, 공간과 시간 및 모든 재현에 수반하는 "나는 생각한다"를 가능하게 만드는 "직관의 형식"으로서의 시공간의 역할을 가져와, 대신에 미적 "실험"의 일부로 만드는 것이다. 우리와 시간과 공간의 관계, 우리의 공간성 혹은 시간성

---

26 Jean-François Lyotard, *Discours/figure*, Klincksieck, 1971.

27 MP, pp. 641 이하. 앙리 말디네(Henri Maldiney)에 의지해서 들뢰즈는 "매끈한 공간"이라 명명한 것의 독창적인 각도에서 리글의 구분을 보자고 제안한다. 그 한 가지 결과는 베이컨의 특유의 "이집트주의"를 이어 가는 방식으로 폴록과 추상을 다시 생각하는 것이다. FB, pp. 79 이하.

은 바뀐다. 작품은 그 변화를 보여 준다. 말하자면, 작품은 공간과 시간 안에서 "실험되어야 할 것"이 무엇인지 폭로한다. 이미 우리는 시간의 경우에서 이것을 보았다. 하나의 삶의 펼침 안에 일종의 시간적 미규정이 있고, 그것은 재현의 "나는 생각한다"나 그것이 의존하는 "잡다함의 종합"보다 앞선다. 선형이건 주기적이건 그 어떤 선행하는 운동에 들어갈 수 없는 것이 바로 우리 안에 함축된 이 시간이며, 들뢰즈는 가령 시간-이미지를 통해 영화가 그것을 탐색하고 있다고 본다. 하지만 그런 "마디에서 벗어난 시간"과 더불어 공간에서의 변화가 진행되며, 우리의 공간 체험-실험이 변한다. 우리는 "외연적" 공간성에서 "내공적" 공간성으로 이행한다. 우리는 "감각적인 것의 비대칭적 종합"을 통해 주어진 "토대가 없어진" 혹은 "토대를 없애는"(즉 *effondré*) 공간을 발견한다. 그 공간은 가령 칸트의 잡다함의 종합에서 작동하는 환경 안에 있는 대상들의 "좋은 형식"에서 벗어난다.[28] 왜냐하면 성질들을-지닌-잘-구성된-대상들이라는 관념 및 그것들이 가정하는 종류의 거리와 관계에서 벗어나면서, 우리는 (**부분 밖의 부분으로**partes ex partes 나뉠 수 있는 공간의) 펼쳐 있음이라는 관념에서도 벗어나기 때문이다. 따라서 들뢰즈는 일종의 무정형적 혹은 형식화되지 않은 공간을 발견하는데, 그것은 전前기하학적 형상들의 "비정확한"anexact 도해들을 통해 드러나며, 후설은 거기에서 기하학의 기원

---

28 "감각적인 것의 비대칭적 종합"에 바친 『차이와 반복』의 한 장에서 들뢰즈는 펼쳐진 공간과 그에 앞선 "내공적 공간"을 구별한다. Effondrement(토대 없음)은 비대칭적 종합의 이런 내공적 공간을 특징짓는다. 나의 『건설들』을 볼 것.

을 본다.[29] 들뢰즈의 생각에, 후설은 그런 공간들을 좋은 기하학적 형상들의 발생의 일부로 만들기보다 자신의 현상학을 그런 공간들로 확장했어야 했다. 왜냐하면 현대 작품이 보여 주는 것은, 우리는 "내공적" 공간성과 신체적 혹은 운동 감각적 관계를 맺을 때 "펼쳐 있음의" 공간성과는 매우 다른 관계를 맺는다는 점이다. 우리는 그 어떤 "펼쳐 있음"에 의해서도 지도 그릴 수 없는 식으로 공간에서 **운동한**다. 우리는 공간을 완벽하게 조직하지 못하는 비형식적 도해들에 따라 "공간을 채운다". 그 결과 공간과 공간 속에서 공간을 통해 이루어지는 우리의 운동은 서로 분리할 수 없게 된다. 들뢰즈의 생각에, 가령 들리니Fernand Deligny는 자폐아의 운동의 지도를 그리며 그것을 탐색했고, 파울 클레는 『교육적 스케치북』*Pedagogical Sketchbook*에서 그것을 시사했다. 따라서 그런 "내공적" 혹은 "실험적" 공간성의 능력이 있다면, 우리의 몸과 뇌 혹은 마음은 무엇이어야 하는지를 물어야 한다. "내공적 공간"은 현상학이 기술한 "체험된 몸"의 형식 너머로 우리를 데려간다.

현상학은 몇 가지 방식으로 감각이 재현에 갇히거나 재현의 주체에 종속되지 못하게 "감각"을 구출하려 노력하면서 예술과 함께한다. 가령 앙리 말디네는 헤겔이 '정신'의 **형태**Gestalten의 현상학의 출발점에서 감각에 부여한 역할에서 예술이 어떻게 벗어나는지 보여 준다.[30] 그러나 들뢰즈는 현상학에 칸트적 요소가 남아 있다고 생각한

---

29 MP, pp. 454 이하. 『건설들』을 볼 것.
30 Henri Maldiney, *Regard, parole, espace*, L'âge d'homme, 1973 and 1994, pp. 254 이하.

다. 말하자면, 현상학은 "삶의 세계"에 초월성을 재삽입하며, 그래서 초월 철학의 독이 든 선물의 무언가를 간직한다. 현상학은 여전히 실험 조건보다 판단 조건을 원한다. 따라서 현상학은 바로 이 초월성의 요소를 예술이 우리에게 보여 주라고 요청한다. 현상학은 여전히 "세계를 드러내기" 위해 예술이 **필요하며**, 현상학은 그 조건을 기술한다. 가령 그것은 세계의 "살"과 몸이 일치하는 일종의 **원체험**이다. 따라서 메를로퐁티는 "사물들 자체"를 보여 주기 위해 세잔이 필요하지만, 프랜시스 베이컨은 "감각의 논리"를 더 멀리, "살"이라는 준-정신적인 세계가 아니라 오히려 "고기"의 폭력으로 데려간다. 들뢰즈는 현상학에 대해 "살은 부드럽다"고 말한다.[31] 왜냐하면 현상학이 여전히 알아내려 하는 세계에 대한 초월적 착상에 감각이 갇히지 않을 때만, "하나의 삶"의 가능성이 현상학적 "삶의 세계" 및 그것이 지각을 조건짓기 위해 이용하는 방식에서 해방될 때만, 감각은 한껏 실험의 문제가 되기 때문이다.

특히 우리는 음악에서 특히 중요하며 또한 춤에서도 중요한, 일종의 감각으로서의 "기운"의 역할과 함께 이 점을 본다. 들뢰즈가 하나의 삶의 내재성이라 부르는 것이 인내와 경건함을 갖고 기다려야 하는 존재의 도래라는 신비주의와 혼동되면 안 된다는 것을 보았다.

---

31 QP, pp. 168~169. "살"의 관념은 "경건한 동시에 관능적이며, 관능과 종교의 혼합물"(p. 169)로서, 하이데거와 후설 둘 다에서 이미 발견된다. 들뢰즈의 생각에, 고백 대상으로서 살에 대한 푸코의 미완성 계보학은 그로부터 거리를 두는 데 도움이 될 것 같다. 그러나 베이컨의 "고기"와 살을 대립시키면서, 들뢰즈는 베이컨의 작품에 있는 종교 혹은 가톨릭에 대한 베이컨 자신의 관점을 문제 삼지 않을 수 없었다.

따라서 존재의 계시나 드러남을 경건하게 기다리는 것이 우리의 위엄에 대한 그의 아이디어가 아니듯, 그의 "내공"의 문제는 우리가 존재에 접근하는 것의 예비로서 불안의 문제가 아니다. 들뢰즈의 실험주의 미학의 문제는 "미적 의미에서의 가능성"에 대한 탐구가 항상 맞서는 "질식"suffocation의 의미다. 이 의미를 전해 주는 기본 기운은 우울증 혹은 스피노자가 "슬픈 격정"이라 부른 것이다. 왜냐하면 자크 라캉이 주목했듯, 스피노자는 우울증을 일종의 윤리적 실패로 전환했기 때문이다.[32] 스피노자에서 기운은 우리가 서로 행할 수 있는 삶의 역량들을 조력 혹은 방해하는, 증대 혹은 감소시키는 것의 감각이 된다. 이와 똑같은 뭔가 "윤리적인" 의미에서, 들뢰즈는 사법적·정신의학적 맥락에서 ("히스테리"나 "변태"나 "분열증" 같은) 임상 범주들을 추출해서 예술과 철학에서 삶의 양태 안에 있는 실험의 문제로 만들어, 철학-미학적 "진료소"의 범주로 삼자고 제안한다. 프로작Prozac의 세계 앞에서, 프로이트는 "우울증"을 (그리고 그것과 예술의 관계를) 상실이나 부재에 관한 애도 작업의 견지에서 이해하려 했다. 그러나 들뢰즈는 더 많은 작업을 요구하긴 해도 더 많은 기쁨을 약속하는 "비애도"unmourning가 있다고 생각한다. 따라서 철학-미학

---

32 Jacques Lacan, *Télévision*, Seuil, 1974, pp. 39~40. 기쁜 앎(gay science)에 대한 이런 암시는, 성인聖人("자비 없는"décharité 자들)만 웃는다는 익살스러운 언명과 관련해서 읽을 수 있다(p.28). 라캉 자신의 작품에서 우리는 들뢰즈적 의미에서 그만의 또렷한 유머를 발견한다. 부정과 법 간의 관계에 기초한 아이러니와 달리, 그 유머는 의미와 무의미를 통해 주어진다. 라캉은, LS, pp. 236 이하에서 들뢰즈가 오이디푸스를 희극적 형상으로 보자고 제안하는 그런 방식으로, 자신의 가톨릭을 통해 법과 그것의 명령에 앞서는 기쁜 앎까지 밀어붙이고 있기라도 하는 것 같다.

적 견지에서 고려했을 때, 우울증은 불행한 이상화의 감각이라고 얘기될 수 있고, 그것에 대한 진짜 해독제는 재기억화와 동일시가 아니라 능동적 망각과 앞으로 도래할 것과의 긍정적 실험에서 발견될 수 있다.

5.

영화에 관한 책들에서 들뢰즈는 생명적 가능성의 실험과 진료로서의 감각이라는 이 아이디어를 다른 방식으로, 신경계와 관련해서, 혹은 일종의 "신경 미학"으로서 발전시킨다. 영화 연구에서 "이미지"와 "기호"라는 중심 관념들은 정신분석과 언어학의 결혼을 통해서가 아니라 오히려 영화와 동시대에 출현했고 정신분석을 발생시킨 신경과학을 통해서 정교화된다. 따라서 들뢰즈는 베르그손에서 기억과 행동에 대한 우리의 관념들 안에 있는 반사reflex의 관념과 대립하는 독창적인 "뇌의 철학"을 발견한다. 따라서 영화에서 운동-이미지에서 시간-이미지로의 이동은, 뇌에 대한 한 종류 혹은 한 착상에서 다른 것으로의 이동, 즉 운동 감각적 혹은 운동적 뇌에서 "비합리적 절단들"[33]을 통해 작동하는 일종의 "불확실한 시스템"인 뇌로의 이동이라고 볼 수 있다. 따라서 시간이 그런 것으로 ("마디에서 벗어난" 것으로) 출현하는 것은, 영화가 가령 미국 영화의 빠른 "반사-뇌" 같은 종류의 것에서 발견되는 작용과 반작용의 세계에서 벗어나, 말하자면 자극과

---

33 C2, pp. 265 이하.

반응 사이에서 일어나는 모든 것에 관심을 기울이는 바로 그때다. 그러나 신경계, 예술적 감각, 철학적 "심리학" 간의 관계는 영화와의 그런 "공진"을 넘어서 간다. 가령 현대 회화에서 "감각"이라는 관념은 이 맥락에서 이해될 수 있다. 윌리엄 제임스(그는 우울한 기운의 문제와 만들어지고 있는 사물들의 이동성에 낯설지 않았다)의 『심리학의 원리들』은 중요한 철학 작품으로 남아 있다. 베르그손과 마찬가지로 제임스에게도 철학은 글쓰기 및 예술(가령 "의식의 흐름")과 나란히 가는 것처럼 보였다. 현대 도시에서의 신경의 무질서와 조건에 그런 "신경 미학"의 기본적인 초점이 있다. 따라서 영화에 관한 두 권의 책은 들뢰즈에게 "감각"의 진료를 추구하는 방식을 제공했는데, 그 전에 들뢰즈는 프랜시스 베이컨 연구에서 회화에서의 감각의 논리를 정립했다.

『철학이란 무엇인가?』에서 "예술은 감각이며 단지 그뿐이다"라고 말할 때, 들뢰즈는 자신의 작업을 관통하는 아이디어를 포착하려 하고 있다. "감각"이라는 용어는 결과로 초래된 관용어의 견지에서 이해되어야 한다. 이 관용어에서 "감각"은 재현에 의해 규정되지 않으며, 다른 종류의 이미지들이나 기호들에 의해 표현되는데, 이것들이 감각을 "초월론적 경험론" 혹은 독자적이거나 새로운 것과의 미적 실험으로 만든다. 따라서 감각은 주관적 상태 혹은 "감각된 것"sensibilia이나 "선정주의"와 혼동되면 안 된다. 반대로 들뢰즈는 세잔이 인상파에 반대해서 감각은 사물들 자체 안에 있고 우리 안에 있지 않다고 말할 때 감명을 받았다. 들뢰즈는 베이컨의 "감각"의 폭력이 사진의 선정주의의 클리셰에 정확히 맞서고 있다고 본다. 기운과 지각체는 감각의 두 기본 유형이며, 예술작품은 그 둘의 혼합물이라고 말할 수 있다. 그러나 특히 음악과 춤이 관심을 기울이는 전자는 개인적 느낌과 혼동되면 안 된다. 마찬가지로 시각 예술뿐 아니라 문학에서 발견되는 후자도 지각하는 주체에게 주어진 대상과 혼동되면 안 된다. 오히려 프로이트가 죄책감처럼 "무의식적 감정"이라 부른 것 안에서 그렇듯, 기운은 그것을 관통하는 주체를 넘어서 가며, 비인물적이고 심지어 비인간적이다. 지각체는 자연을 눈에 제시하는 방식이 아니며, 오히려 자연적이건 도시적이건 풍경 같으며, 그 안에서 새로운 눈으로 보려면 가령 댈러웨이 부인처럼 자신을 잃어버려야 한다. 따라서 우리는 "예술"이라 부르는 감각과 특유의 관계를 맺는다. 재료가 표현적이 되는(혹은 "예술 의지"나 "예술-생성"을 펼치는) 것은, 재료가 이런 종류의 감각을 실현하는 바로 그때다. 역으로 예술의 목표는 표현적 재료를 통해 습관적으로 감각된 것에서, 즉 지각, 기억, 재인지, 동의의 습관에서, 감각을 추출해서 그래서 우리가 새롭거나 예견되지 않은 방식으로 보고 느끼게 만드는 것이다. 따라서 예술작품 자체(혹은 예술 안의 작품)인 감각의 합성물은 그것의 물질적 지지물("매체"에 대한 최소주의적 관념에서처럼)이나 기술(매체에 대한 정보적 관념에서처럼)과 혼동되면 안 된다. 그것은 특유한 것으로, 물리적 지지물과 기술적 수단이 없으면 예술도 존재하지 못하겠지만, 그것들보다 앞서고 그것들보다 더 오래 살아남는다.

예술은 그런 "감각들"을 그저 추출하기만 하는 건 아니다. 예술은 그런 감각들을 일종의 건설 속에 넣기도 한다. 모든 작품에는 설사 삐딱하거나 비유클리드적이라 할지라도 건축이 있다. 따라서 예술은 삶의 세계의 현현이라기보다는 낯선 건조물이다. 우리는 변형 이나 자기 실험을 통해서만 거기에 거주하며 마치 새로운 시각 체계 나 신경계를 부여받은 듯 신선해진 채로 거기에서 출현한다. 회화는 현현이라기보다 그런 건조물이다. 실로 바로 그 이유로 회화는 현상 학적 현현과 결부된 눈-손-자연 혹은 얼굴-풍경의 관계에서 벗어날 수 있다. 그러나 일종의 "정신적 자동기계" 혹은 "정신-기계"psycho-mechanics로 여겨지는 영화와 더불어 감각의 문제는 다른 식으로 제 기되는데, 그것은 가령 습관적 재인지와 주의 깊은 재인지라는 베르 그손의 구분과 더불어 시작됐다.[34] 하지만 영화에서 우리는 이 "주의" 의 문제가 곧 우리를 운동 감각적 환경에 포함될 수 있는 것에서 벗 어나게 해주며 다른 종류의 봄 혹은 투시력voyance의 문제를 제기하는 것을 본다. 자극과 반응의 분간 불가능 지대 및 거기에서 오는 연속성 과 시간에 대한 마디에서 벗어난 저 낯선 의미를 다룰 수 있는 새로 운 종류의 뇌가 요구된다. 가령 안토니오니Michelangelo Antonioni에서 색의 문제, 레네Alain Resnais에서 트라우마의 문제를 통해, 영화가 여 러 각도에서 탐색한 것이 그것이다. 더 일반적으로, 영화는 전후 유럽

---

34 C2, pp. 62 이하. 들뢰즈는 "주의"라는 관념을 대상의 재인지나 재식별을 넘어서 실로 그것이 재인지의 "주의 산만"에 대한 일종의 해독제로 기능하는 지점까지 밀어붙이려 한다. 그 한 방법은 "러셀과는 다른 기술(description) 논리"(pp. 63~64, 주3)를 통하는 것으로, 나중에 그 것은 말하자면 모든 행동은 "기술 중인" 행동이라는 앤스콤(Elizabeth Anscombe)의 원리에 시 간의 요소를 도입함으로써 발전될 수 있었다. 따라서 과거는 항상 현재에 새로운 종류의 기 술을 부여받을 수 있고 그것의 계열은 열린 채로 남게 되므로, 본질적으로 "미규정적"(혹은 "잠재적")이다. 등장인물(행위자나 인물)의 삶은 그런 미규정이나 잠재성의 여지를 주는 "불 특정(indefinite) 기술"의 예술을 통해 주어진 의미에서 "모호한" 동시에 "독자적"이라고 말할 수 있으리라.

도시에서 새로운 공간과 시간을 바로 그런 신경 미학적 뇌를 통해 진단한다. 더 전에 보들레르가 회화를 대도시의 "현대성"의 탐색이라고 보았던 것처럼 말이다. 다시 말해 "미적 의미에서의 가능성"의 일반적 문제는 진료나 진단적 측면을 지닌 신경학적 일별cast을 상정한다. 바로 이 점에서 들뢰즈는 기계적 "자동성"을 이해하기 위해 피에르 자네로 돌아가서 정보적 "자동성"의 문제를 제기하는데, 그것은 고다르와 지버베르크가 "정보 사회"에 대한 영화적 비판에서 진단하기 시작한 문제다. 따라서 감각의 신경 미학적 문제는 이런 식이 될 수 있다. 새로운 연결들, 새로운 연계들, 혹은 뇌 속의 생명적 "신경 전달 물질들"을 창조하거나, 그렇지 않으면 일종의 "소뇌의 결함", 나쁜 영화에서, 더더구나 "나쁜-영화-로서의-세계"에서 경험하는 종류의 쇠약으로 퇴각하고 말거나. 세르주 다네는 텔레비전이 우리에게 이 나쁜-영화-로서의-세계를 직면하게 했다고 생각했다.[35]

다시 말해 신경 미학이 가능해지는 건, 감각이 재현에서, 나아가 현상학적 조건에서 해방되어 실험적·진단적이 되는 바로 그때다. 그러나 신경 미학에서 우리는 대상들을 재인지하기 위한 "인지주의" 도

---

35 PP, pp. 107 이하. 텔레비전과 더불어 영화가 시간-이미지를 통해 탐색했던 세계의 상실이 있다. 영화의 "잠재적 대중"(virtual public)을 텔레비전 시청률이라는 보다 "사회학적인" 대중으로 대체했고, 더 일반적으로는 정보나 소통에만 열중하는 전문적인 "눈 제어"로 대체했다. 하지만 그렇다면 여전히 "예술"에 대해, 혹은 이 새로운 힘들의 "예술-생성"에 대해 말한다는 것은 무슨 뜻일까? 세르주 다네(Serge Daney)에게 보내는 편지의 끝에서 들뢰즈는 하나의 담론을 뒤에 남겨 두는 새로운 전 지구적 종류의 "여행"에 낙천주의가 있으리라 암시하며, 참된 몽상가는 무언가를 증명하기 위해 밖으로 나가는 자라다는 프루스트의 격언을 채택한다(p. 110).

식이나 아니면 삶의 세계를 "체화"하려는 현상학적 도식을 뇌 속에 재도입하려는 경향을 발견한다. 들뢰즈의 견해로는, 현대 예술작품에서 "감각들"은 가령 형식화되지 않은 "광학적 무의식"을 통해 우리를 그런 경향에서 해방되도록 도와주었다. 왜냐하면 하나의 삶의 "내공적 공간"과 "마디에서 벗어난 시간"에 도달하면서, 현대 작품은 표현적 재료 속에서 그 어떤 인지적 수완이나 현상학적 **형태**도 미리 존재하지 않는 감각 안에 있는 그것을 정확히 실현했기 때문이다. 역으로 감각이 이처럼 실험에 개방되자, 뇌는 과학뿐 아니라 철학과 예술의 문제가 되었기 때문이다. 그것은 "진단적" 역할을 얻었다. 신경과학자들은 예술 및 우리와 예술의 관계에 대한 자신들의 이해 속에 재현, 알레고리, 상징론, 도상학 등 옛 도식을 재도입할 때 어긋난다. 가령 약물의 문제 및 예술 창조에서의 뇌는 "감각"이나 "내공"과 관련해서, 거기에 도달하는 특권적 양태라기보다 그것들로 "건조물"을 만드는 데 있어 실패의 징표로 이해되어야 한다. 따라서 들뢰즈가 말하듯 신경과학은 사실상 우리가 어떻게 생각하거나 느낄 것인지 말해 주지 못하며, 단지 우리가 다른 새로운 식으로 생각하고 느끼는 것이 가능하려면 우리의 뇌는 무엇이어야 하는지 말해 준다.[36]

『영화 2』의 끝부분에서 들뢰즈가 우리에게 남겨 놓은 정보-사회 혹은 "뇌-도시"와 관련한 문제는 이런 신경 미학적 종류의 문제다. 여

---

36 들뢰즈는 우리가 새로운 생각 방식이나 새로운 뇌의 "**길들**"(frayages)을 찾으려고 뇌 속을 들여다볼 수는 없다고 말한다. 반대로 과학은 "누군가가 이런저런 식으로 생각하는 데 착수할 수 있으려면 뇌 안에서 무슨 일이 있을 수 있었을까를 발견하려고 노력"해야 한다. PP, p. 239.

러 방식으로 현대 영화에 의해 탐색된 문제는 "기계적인" 종류의 자동성이었고, 그것과 함께 나아간 종류의 숨 막힐 듯한 "절편화된" 공간들로부터의 풀려남이었다. 그러나 정보-유형 기계로 이루어진 우리 사회와 함께 문제는 달라진다. 그것은 그런 절편화하는 "훈육"의 문제기보다 "제어"의 문제가 되는데, 이것은 더 유연하고 더 무작위적이며 더 펼쳐져 있고 "매끈한" 것이어서 더 음흉하다.[37] 하나의 조짐이 "성취" 기술의 문제, 그리고 그 기술을 얻음으로써 살아남으려는 미친 경쟁이다. 우리의 문제는 이제 새로운 훈육 과학들과 함께 생겨난 "행동주의"의 문제라기보다 문화나 현장과 독립해서 작용하는, 뇌 기술이라는 일종의 인지적 다원주의의 대상이 된 인지 혹은 "지능"의 문제다. 들뢰즈는 묻고 있는 것 같다. 이 새로운 정보-성취-인지주의 속에서 질병을 진단하려면, "미적 의미에서의 가능성"의 신선한 공기를 다시 마시기 위해 우리에게 감각을, 그리고 뇌를 제공하려면, 오늘날 우리는 어떤 새로운 예술 의지를 발명할 수 있을까?

6.

예술작품은 감각들로 구성되어 있다. 감각들은 전언어적·전주체적이고, 비조직적 평면을 지닌 건조물을 통해 표현적 재료 안에 한데 모이며, 우리와 특유한 관계를 맺는다. 예술작품은 우리를 구원하거

---

37 PP, pp. 240 이하. 따라서 우리는 ("상명 하달식" 조직과 대립하는) "유연성"이라는 새로운 관념이 우리를 구해 주리라 믿으면 안 된다. 반대로 우리는 그것과 함께 오는 (뜻밖의 다른 가능성은 물론) 새로운 종류의 "제어"를 식별해야 한다.

나 완성하기 위해 (혹은 우리를 저주하거나 타락시키기 위해) 존재하는 게 아니라, 오히려 사물들을 복잡화하기 위해, 클리셰의 약화하는 효과에 복속되지 않는 더 복잡한 신경계를 창조하기 위해, 하나의 삶의 가능성들을 보여 주고 풀어놓기 위해 존재한다. 들뢰즈의 생각에, 이것은 「오르가스 백작의 장례」 같은 명백히 신학적인 작품에도 해당한다. 이 작품은 "신은 존재한다, 그러므로 모든 것은 허용된다"라는 원리를 따른다.[38] 프랜시스 베이컨 자신의 가톨릭은 (다른 어떤 방식보다도) "고기-감각"의 세계라는 견지에서 읽을 수 있다. 라이프니츠의 바로크 신학에서 저주받은 자의 외침들을, 조화나 완성에서 벗어나며, 그리하여 가장 선한 자들을 선별하는 신에서도 벗어나는, 서로 다른 가능 세계들의 공존이란 관점에서 볼 수 있듯이 말이다. 말하자면, 그 외침들은 자신을 "저주"하면서 보호받는다. 왜냐하면 무엇보다 우리와 우리가 예술이라 부르는 감각의 관계는 어떤 고차 영역이나 "초월성"에 의해 정의되지 않기 때문이다. 감각이 우리에게 가져다주는 것은 구원도 **행복**eudaimonia도 아니며, 오히려 니체가 "더 높은 건강"이라 부른 것이다. 다시 말해, 감각이 전투를 벌이는 종류의 "질식"의 반대는 만족이나 "행복"이 아니라 도달할 수 없는 이상화나 "희망"의 기운인 우울증의 유일하게 참된 해독제인 생명성과 이동성이다. 따라서 감각은 신경계를 다시 배선하고, 뇌에 새 활력을 주며, 몸과 마음 둘 다에 있어 근거를 갖춘 동일성과 습관적인 형식의 무거

---

38 FB, pp. 13~14.

움에서 우리를 풀어놓는다. 어쨌든 그것이 들뢰즈의 "미학 진료"와 그것의 "유물론"의 원리라고 얘기될 수 있다. 그것은 칸트의 "무관심성"(하이데거의 **내버려둠**Gelassenheit으로 배역을 바꿀 때도)이나 프로이트의 "승화"(사물das Ding의 빈 장소로 재정식화될 때도)처럼 예술의 이상화하는 경건함과 들뢰즈의 원리를 구별해 주며, 또한 들뢰즈가 "살"이라는 기독교적 주제 둘레에서 성장했다고 보는 프랑스 현상학의 저 이상한 관능적-정신주의적 측면과도 구별해 준다.[39] 왜냐하면 그런 관점들 속에서 우리는 실제로 초월성의 미학적 판본을 발견하기 때문이다. 니체와 함께라면, "금욕주의적 이상"과 거기에 수반하는 "슬픈 격정"에 대해 말할 수도 있었으리라. 그런 미학적 경건함에 맞서, 초월성을 넘어 감각이 다른 세계에 대한 믿음이 아니라 이 세계에서의 "다른 가능성들"에 대한 믿음의 문제가 되는 곳까지 감각을 밀고 가야 한다.

예술에서 그런 "세계에-대한-믿음"의 문제는, 준-종교적인 기운으로서의 우울증에 대한 철학적 해독제로서 "믿으려는 의지"를 발견하려는 시도에서, 더 일반적으로 실험과 우연의 문제가 구원과 판단의 문제를 대체하는 "프래그머티즘"을 발명하려는 시도에서, 윌리엄 제임스에 의해 제기되었다고 얘기될 수 있다.[40] 그러나 들뢰즈는 그 문제는 다른 식으로, 가령 신이나 대혁명에 대한 믿음의 문제를 초월성에 대한 그런 믿음에 의해 전제되는 "세계"나 "실존 양태"의 탐

---

39 QP, p. 169. 주17을 볼 것.
40 CC, pp. 110 이하.

색으로 대체하려는 고다르의 영화적 시도에 의해 추구된다고 생각한다.[41] 이 점에서 고다르는 내기에서 파스칼보다 더 멀리 갔다. 왜냐하면 파스칼이 믿음의 문제를 믿는 자와 믿지 않는 자의 실존 양태의 문제로 대체하고 있다면, 고다르는 그 내기를 확률을 계산할 수 없는 우연과 미규정의 세계로 다시 집어넣는 자에 속하기 때문이다. 들뢰즈가 믿음의 문제에 바쳐진 『차이와 반복』의 저 대목에서 적고 있듯이, 거기서는 세계가 계속해서 "자신을 만들어 가고" 있어서, (우리의 계산은 물론) 신의 계산이 결코 올바르다고 밝혀지지 않는다.[42] 따라서 신의 계산보다 앞서고, 그래서 어떤 판단이나 심판의 날보다 앞서는 세계에 대한 이런 믿음 혹은 신뢰에 도달하는 것은 들뢰즈가 "경험론적 개종"[43]이라고 부르는 것이다. 정확히 말해 바로 그런 믿음 혹은 신뢰는 영화가 전쟁의 "트라우마" 후에 용케 우리에게 준 것으로, 예술가와 사상가는 먼저 거기로부터 마치 죽은 자로부터 돌아온 듯 돌아와야 했다. 그것은 "정보-사회"와 그것의 "소통"의 숭배라는 새로운 문제들과 관련해서, 들뢰즈가 우리에게 가장 필요하다고 생각하기에 이른 것이다.[44]

---

41 C2, pp. 222 이하. 고다르는 가톨릭과 혁명적 신앙의 "세계"를 둘 다 탐색하는데, 영화는 처음부터 그것과의 특별한 관계를 발전시켰다. 더 일반적으로, 들뢰즈의 "경험론"에서 우리는 대혁명에 대한 믿음이나 신앙과 "혁명적으로-생성" 사이의 대립을 발견한다. 여기서 정확히 "미래에 대한 믿음, 미래의 믿음"(DR, p. 122)의 본성이 달라진다. 그것은 더는 예견이나 예언의 문제가 아니며, 문을 두드리는 미지의 것의 진단과 실험의 문제가 된다.

42 DR, p. 233. 파스칼과 니체의 대립 및 "사고 게임"이 행해지는 방식에서 확률과 우연 각각의 역할에 대해서는, DR, pp. 361 이하를 볼 것.

43 QP, p. 72.

『차이와 반복』에서 들뢰즈는 그런 믿음이 가정하는 것을 밝히려 했다. 현재의 규칙성이나 과거의 미규정보다는 오히려 "미래의, 미래에 대한 믿음"과 관련된, "도래할" 것 혹은 "시간의 종합"의 의미가 그 것이다.[45] 이 "도래할 시간"과 그것이 영원 혹은 덧없음과 다른 방식에 대해 가장 잘 말한 이는 사실 파스칼, 키르케고르, 페기 같은 "종교적 사상가들"이라고 들뢰즈는 말한다. 그러나 우리는 시간의 이 여전히 종교적인 의미를 "경험론적으로 개종"시켜서, 아직 "우리의" 것이 아닌 이 세계에서 그것을 감각과 실험의 문제로, 그래서 "아이스테시스"와 미학의 문제로 만들어야 한다. 왜냐하면 그런 믿음, 그런 "아이스테시스"가 없을 때, 우리는 니체에 의해 정식화되었고 오슨 웰스에 의해 영화에 도입되고 허먼 멜빌에 의해 문학에 도입된 니힐리즘을 발견하기 때문이다.[46] 우리가 "민족이 행방불명이다, 민족이 없다"고 말하는 것은 오직 절망 속에서다. 따라서 거기서 모든 정체성은 "위조"라는 것의 의미와 어떤 "과거 민족의 신화"를 근원적 정체성의 원천으로 기대려는 경향이 생겨난다. 어떤 의미에서 그것은 이미 초월

---

44 QP, p. 72. Cf. PP, p. 239. "세계에 대한 믿음을 우리는 가장 결여하고 있다. 우리는 세계를 완벽히 상실했다. 그들이 우리에게서 세상을 박탈했다."

45 DR, pp. 96 이하. 흄에게는 현재로부터 그것을 유발한 저 과거와 그것이 이르게 될 법한 미래를 추론하게 해 주는 습관의 종합이 있다. 다음으로, 베르그손 및 프로이트와 더불어, 우리는 두 번째 종합을 발견한다. 거기서 과거는 미규정적이고 "잠재적"이 되며, 현재가 새로운 종류의 기술(記述)을 부여받을 때마다 과거의 본성과 힘은 끊임없이 이동한다. 다음으로, 세 번째 종합은 미규정적인 과거나 습관적인 현재보다는 미래를 복잡한 반복이나 자유로운 분화의 원천으로 만든다.

46 C2, pp. 165 이하. 아마도 윌리엄 버로스가 "제어"라고 부른 것의 "편집증"을 이 전통에 포함할 수 있으리라. 니힐리즘의 이 관점에 대해서는, "Nietzsche", PI를 볼 것.

성이라는 플라톤의 독이 든 선물에 대해 들뢰즈가 내린 진단이다. 의견이 문제시되어 사고를 필연적인 것으로 만들 때, 그것을 어떤 재발견된 초월성, 어떤 선행하는 더 순수한 "조직면"에 가두려는 경향이 발견된다는 것이 하나고, 그런 "신학" 평면에 원초적 '공' 혹은 '부재'로 대항하는 신비주의는 니체가 니힐리즘에 대해 말한 것, 즉 "사람들은 전혀 믿지 않기보다는 차라리 무를 믿는다"에 들어맞는 것이 다른 하나다. 철학이 출현하는 문제화하는 상황에서, 우리는 믿음 자체의 본성을 변화시켜서 그런 원체험에서 해방할 필요가 있다. 우리는 그것을 "고차적 지식"의 견지에서가 아니라 우리가 예술이라 부르는 저 낯선 감각-건조물에 의해 우리에게 제공된 종류의 "세계에 대한 신뢰"의 견지에서, 그리고 저 감각-건조물이 관심을 기울이는 종류의 건강 혹은 생명성의 견지에서 생각할 필요가 있다.

몸 상태가 갑자기 악화하자마자 들뢰즈의 저술들에서 탄식이 나타나기 시작한다. 이미 영화 연구에서 들뢰즈는 2차 세계대전 후에 영화가 길을 찾아 우리에게 준 종류의 "세계에 대한 믿음"이 더는 우리 상황에 잘 적용되지 못하고 있으며, 이제 나름의 "신뢰성" 혹은 "신용"을 상실했다고 감지했다. 우리는 "소통" 혹은 "정보"로 재정식화된 초월성으로 사고가 퇴각하는 것을 발견한다. 그래서 우리 정보-사회의 새로운 "어리석음"과 "자동성", 거기에서 배제된 자들의 폭력, 나아가 정보-사회가 앞으로 불러일으킬 새로운 "생성들"에 직면해서, 우리는 조야하면서도 확신에 찬 합의consensus의 철학들을 접하게 된다. 따라서 우리는 철학을 창조하기에는 빈곤해진 시간에 돌입하고 있다. 사막을 건너야만 그 일을 새롭게 수행할 수 있을 것 같기도

하다. 우리는 새로운 아리아드네가 필요하다. 제어 사회에 적응해서, 전자 뇌-도시에서 전자 뇌-도시와 함께 작동하고, 우리의 실존에서 낯설고 독자적인 것에 "긍정"을 말할 수 있고, 예술과 예술 의지, 신선한 감각과 감각의 구성을 향한 취향을 불러일으킬 수 있는 아리아드네가. 왜냐하면 우리가 결핍한 것은 소통이 아니라(소통이 너무 많다) 오히려 생성할 수 있는 것에 대한 믿음, 우리 자신 안에서 우리 서로의 관계 안에서 그것의 실효화의 특유한 시간과 논리에 대한 믿음이다. 그것이 바보들을 웃게 만들지도 모른다고 들뢰즈는 말했다. 모든 문제는 바보들을 포함하는 세계를 믿는 것이다.

옮긴이의 들뢰즈 관련 문헌

저술

2023.「들뢰즈와 과타리의 '분리 종합' 이론」,『비평과 이론』28(2).

2022.「옐름슬레우의 '언어의 지층화' 이론이 들뢰즈와 과타리의 '도덕의 지질학'에 수용된 과정」,『근대철학』19.

2021.「들뢰즈와 과타리의 철학에서 앙드레 르루아구랑의『손놀림과 말』의 역할」,『문학과 영상』22.

2021.「들뢰즈의 초기 베르그손주의」, 질 들뢰즈,『베르그손주의』.

2021.「들뢰즈: 생각에 대한 새로운 상과 예술가적 배움」,『이성과 반이성의 계보학: 이성의 역사』, 동녘. 처음 발표한 논문: 2014.「들뢰즈의 예술론을 통해 본 예술가적 배움 — 초기 프루스트론을 중심으로」,『미술과 교육』15(1).

2019.「매끈한 공간 대 홈 파인 공간: 전쟁기계, 또는 공간을 어떻게 구성할 것인가? — 들뢰즈의 공간의 정치철학」,『모빌리티 사유의 전개』, 앨피, 2019. 처음 발표한 논문: 2018.「매끈한 공간 대 홈 파인 공간: 전쟁기계, 또는 공간을 어떻게 구성할 것인가? — 들뢰즈의 공간의 정치철학」,『철학과현상학연구』79.

2018.「들뢰즈의 정치철학」,『철학, 혁명을 말하다: 68혁명 50주년』, 이학사.

2017.「들뢰즈의 '아펙트' 개념의 쟁점들: 스피노자를 넘어」,『안과 밖:영미문학연구』43.

2016. 『혁명의 거리에서 들뢰즈를 읽자: 들뢰즈 철학 입문』, 느티나무책방.

2015. 「여성-생성, n개의 성 또는 생성의 정치학: 들뢰즈와 과타리의 경우」, 『철학사상』 56.

2014. 「들뢰즈의 칸트 해석에서 시간이라는 문제」, 『철학사상』 53.

2014. 「들뢰즈의 "부분대상(objet partiel)" 이론 ── 그 존재론적 미학적 의의의 탐색」, 『미학예술학연구』 41.

2013. 「질 들뢰즈의 존재론 새로 읽기」, 철학아카데미 엮음, 『처음 읽는 프랑스 현대철학: 사르트르부터 바디우까지, 우리 눈으로 그린 철학 지도』, 동녘.

2013. 「들뢰즈의 미학에서 "감각들의 블록(un bloc de sensations)"으로서의 예술 작품」, 『미학』 76.

2013. "Deleuze, Marx and Non-human Sex: An Immanent Ontology Shared between *Anti-Oedipus and Manuscripts from 1844*", Theory and Event, 16(3).

2013. 「지젝의 들뢰즈 읽기에 나타난 인간주의적-관념론적 오독」, 『진보평론』 56.

2008. 「들뢰즈의 스피노자 연구에서 윅스퀼의 위상」, 『철학논구』 36.

2007. 「들뢰즈의 흄 연구」, 『철학사상』 26.

2007. 「개인들이 일제히 발포하기 위해서는 총사령관이 꼭 필요한가?」, 『진보평론』 31.

2004. 「『천 개의 고원』이 『노마디즘』에게 ── 이진경의 들뢰즈론 비판」, 『문학동네』 39.

2002. 「파시즘과 비인간주의 사이에서 외면당하는 들뢰즈와 가타리: 지난 호 이종영의 들뢰즈 비판에 반론을 제기하며」, 『문학과 사회』 59.

2002. 「들뢰즈의 긍정적인 프로이트」, 『문학생산』 1.

번역

질 들뢰즈 & 펠릭스 과타리, 『천 개의 고원』(새물결, 2001).

질 들뢰즈 & 펠릭스 과타리, 『안티 오이디푸스』(민음사, 2014).

질 들뢰즈, 『베르그손주의』(그린비, 2021).

The Deleuze Connections by John Rajchman

This Korean edition was published by Greenbee Publishing Co. in 2023 by arrangement with
The MIT Press through KCC(Korea Copyright Center Inc.), Seoul.

철학의 정원 58
들뢰즈, 연결의 철학

초판1쇄 펴냄 2023년 7월 10일

지은이 존 라이크먼
옮긴이 김재인
펴낸이 유재건
펴낸곳 (주)그린비출판사
주소 서울시 마포구 와우산로 180, 4층
대표전화 02-702-2717 | **팩스** 02-703-0272
홈페이지 www.greenbee.co.kr
원고투고 및 문의 editor@greenbee.co.kr

편집 이진희, 구세주, 송예진, 김아영 | **디자인** 권희원, 이은솔
마케팅 육소연 | **물류유통** 유재영, 류경희 | **경영관리** 유수진

독자의 학문사변행學問思辨行을 돕는 든든한 가이드 _(주)그린비출판사